他在想什麼？

男人寫給女人的溝通使用說明書

What Was He Thinking?

The Woman's Guide to a Man's Mind

麥克・貝勒 Mike Bechtle 著

林師祺 譯

致露西

我祈禱兒子找到帶給他快樂的妻子。
妳遠遠超過我的期望，也給我們帶來意想不到的喜悅。
對我們而言，妳是多麼了不起的禮物啊！

【首位按讚】

無論你在男女互動上遇到不安、不順、好奇、有誤會或吵架，這本書都幫你把「男人」按照說明書的方式重新解說一次。就連你可能遇到的操作失誤，也都幫你附上案例解說。相信我，你身邊的男士會很樂意，知道有人可以為自己解釋情況。

國際媒人 王亭嵐 Tilaine
跨國約會集團 Lunch Actually 台灣區總經理
Podcast「有點關係」主持人

推薦①

其實男人想得很簡單

作家／編劇◎劉中薇

這是一本「男人寫給女人的溝通使用說明書」。

像是敵軍裡面的首領，直接偷偷報告目前敵營狀態，敵營雖然神祕難解，卻可以在麥克・貝勒的報告中，一覽無遺。

（女人當然希望也有一本寫給男人的溝通書，只是男人恐怕難以下嚥。）

麥克・貝勒需要大家體認，男人不太改變，男孩六歲的樣子，大約已經可以推斷他成年後的模樣。某種意義而言，男人只是長高的男孩，他內心的基本需求與渴望，不論年紀多大，都需要獲得滿足，女人必須瞭解他，才懂他的需求。

要瞭解男人，要先明白，男女天生腦結構不同，男人擅長把思維分門別類，女人則易於建立連結。女人習慣「橫向思考」，關注的是關係動態。女人喜歡讓團體中的人都有參與感跟開心，所以女孩們在一起喜歡玩家家酒，誰當媽媽，誰當老師等等。男性習慣「垂直思考」，團體中男人喜歡排地位，競爭。所以男孩們在一起，常常會比較誰的爸爸比較厲害。男人喜歡成就感，好勝心，求第一，所以不喜歡對外求救。作者提到：「他們不會問路，因為這等於承認他們無法獨立找到位置。」

鬍子哥就是如此，有次在沖繩自駕，我們要去一間飯店，不知導航出了什麼問題，我們在陌生的道路上繞來繞去，我提議問路，鬍子哥斷然拒絕，他一直覺得他能夠靠谷歌找到目的地。

在我們第三次繞回同樣地點後，我已經忍無可忍，直接打電話給飯店，飯店指點迷津，輕輕鬆鬆我們就抵達了。

男人堅持不肯求救的態度實在讓人氣惱，但我不要生氣，因為男人製造「快樂激素」血清素的速度比女人快百分之五十二，當我還在生氣的時候，他早就開始歡呼卸行李。跟男人生氣，一點也不值得。

跟男人溝通，需要直接，不要讓他猜，男人不善於聯想。書中說明，如果想請他幫忙，不要說：「我清理廚房清得好累了。」他聽不懂暗示，他以為妳只是陳述事實。所以直接開口問吧：「今晚可以幫我從洗碗機裡拿出碗盤嗎？感激不盡。」

如果女人穿高跟鞋拐了腳，哀哀喊痛的同時，不要以為男人會來秀秀妳，他可能會說：

「下次穿球鞋就好了啊！」男人的溝通不是情感導向，是問題解決導向。

有了這些清楚的認知，女人就不用搔破腦袋猜：「他到底在想什麼？」

書中列出十四大男人需要女人知道的事，好比：我們希望妳有話直說。我們希望妳好好表達情緒。我們希望妳獨立。用善意對待我們。我們對讚美有反應。我們不想背叛妳。我們需要妳的尊重和欽佩……

好啦，我們知道了。

其實男人想得很簡單，很多時候，是女人想複雜了啊。

要是妳想搞清楚男人的「簡單」，就去書裡找答案。

關於劉中薇

以《未來媽媽》同時入圍第五十六屆廣播電視金鐘獎「戲劇節目編劇獎」，以及Asian Academy Creative Awards亞洲影藝創意大獎「最佳原創劇本」。

出版作品《把全世界的溫暖都給你——劉中薇短篇故事集》《暖活——愛得還不錯的那些故事》《說故事了沒？打動人心、實現夢想的關鍵能力》《今天天氣晴》《愛在世界開始的地方：墨西哥漂流記》等等。最新作品《妻子、媽媽，偶爾劉中薇：不小心結了婚，那些我們和我的歡喜與哀愁》。

推薦②

其實妳不懂我的心？

知名主持人／何戎

兩性交往，婚姻相處，想搞懂另一半，有時候可能得花上一輩子。

女人有時會覺得，真不明白男人到底在想什麼，老實說，男人有時連自己在想什麼也不清楚。（聽起來雖然好笑，但卻是真的。）

男人女人真的大不同，所以才有男人女人來自不同星球的說法，不過本書作者明白告訴大家，男人女人其實都來自地球，只是需要一份「使用說明書」，才知道該如何好好地與對方溝通。

我喜歡作者用「如何與男人溝通就像開車」這個比喻，對於不熟悉開車的人來說，若是有一本使用手冊可供查詢參考，定能更加幫助瞭解如何操作駕駛。多數的男人都愛車，用車來舉例很貼切，而且，車有百百種的品牌與型號，就像男人一樣，但基本的「操作使用」大同小異，通病、症狀都差不多，但每個男人還是有自己的獨特之處，所以找到最適合溝通的方式很重要，這也是作者所說，本書並不是指導教戰守則，或是請女人依樣畫葫蘆地照著他所建議的方法做，而是希望促進女人對於男人的「理解」，理解男人女人的不同，理解男人為何會這麼想，又為何會那麼做。

好的理解，來自於好的溝通。好的理解，也會有好的關係。分享三個關於溝通與理解的小故事。

以前我很喜歡「溫馨接送」，總覺得這是體貼浪漫的展現，但有一次我去接太太Kelly下班，卻踢到鐵板。風雨交加的那一晚，還沒忙完工作的我，已答應會開車去接她，但等到忙完，時間已有延遲，趕去的路上我接到Kelly電話，她問我到哪裡了，我回答「快到了！」（但其實我才剛離開公司），結果到了Kelly公司樓下，她已在風雨中等了我將近半小時。想也知道，她一上車自然就是一陣抱怨，抱怨完，Kelly告訴我，以後有類似狀況（手上工作還沒忙完），可以直接請她自己回家，因為她完全能明白我的處境，也不會因此怪罪我，而我們也因為那次好的溝通，在「接送」這件事情上找到共識。

另一個我聽到的故事，一位太太出門前，請先生幫忙將冰箱裡的馬鈴薯拿出一半削好皮放進電鍋煮，結果太太回家後差點沒昏倒，因為先生把每一顆馬鈴薯都只削了一半的皮，然後全都丟進電鍋，顯然，太太出門前的「指令」和先生的「理解」有很大的落差，如果，太太的指令可以再更清楚一些，比如「請把冰箱裡的馬鈴薯拿出來一半」（甚至，如果有十顆馬鈴薯，就告訴先生拿出五顆就好），然後拿出來的這一半馬鈴薯全部都要削皮，再丟進電鍋煮，這種「會錯意」的窘況也許就能避免。（請相信，有一些男人就是必須給予詳細又明確的指令，不然他們真的「聽不懂」）

還有一段網路上極有趣的國外影片，一位兩性專家告訴臺下聽眾，男人女人的大腦真的非常不同，男人的腦中有許多箱子，分門別類，但是每次男人都只能拿出其中一個箱子，然後處理這個箱子中的相關主題；女人的腦中也有許多箱子，可是女人卻可以同時間抽出非常多的箱子，還能將每個箱子中的東西相互連結。女人最氣男人腦中的一個箱子，那個箱子裡什麼都沒裝，完全地「放空」，所以女人最受不了的是，每次當女人拿出一堆自己腦中的箱子要跟男人討論事情時，男人卻總是把那個空箱子拿出來，然後啥事都不做。

男人女人的溝通要良好，有個很重要的前提，就是願意「同理」對方的感受，懂得「換位思考」，溝通才能有效。

很開心看到這本書的出版，因為市面上兩性或婚姻相關的書籍，多半都是出自女性作家之手，難得看見從男性的角度、觀點與思維，來協助女性朋友們搞懂我們這些難懂的男人們，相信妳可以透過這本書更多瞭解男人的內心世界。

關於何戎

資深媒體人，兩性婚姻專欄作家，知名的節目主持人。主持經驗豐富的他，除了節目，也已主持超過上千場各類型的活動。持續活躍於媒體工作上的他，努力追求卓越，創造人生的第二曲線。他的幸福祕訣是：Happy Wife Happy Life。關於愛與婚姻，他仍不斷練習精進中。出版作品《幸福馬拉松：關於愛與婚姻的練習》。

目錄 CONTENTS

PART4

他如何溝通

PART5

他如何成長

〔前奏〕他在想什麼？

✳對著空氣說話

妳和妳的男人坐在車上。現在是晚餐時間，妳度過漫長又疲憊的一天，心想，如果能停車吃頓便飯，而不是回家還得累得半死準備晚餐（即使他願意幫忙），那該有多好。

所以妳說：「你想停車吃個飯嗎？」

他回答：「不是很想。」

因為男性和女性處理資訊的方式不同，妳聽到他的回覆可能會受傷。難道他不關心我今天多辛苦？爲什麼這麼不體貼？爲什麼由他決定我們該做什麼？

也許妳的解釋精確。也許他不關心、不體貼。但他更可能是因為沒意識到妳問話背後的涵義。他聽到妳問他意見，他便誠實回覆。或許他也一樣疲憊，想回到安全的家，而不是擠進人滿為患的館子。或者，他有經濟壓力，覺得還是省錢為上。

妳覺得他應該理解妳的需求和願望。他覺得他回答了妳的問題，不必再多解釋。同樣的話，不同的詮釋。未說出口的期望和情緒可能導致當晚氣氛緊繃。

這是語言隔閡——兩人使用相同語彙，卻無法心意相通。如果我們以為對方對語言也有同樣的詮釋和理解，註定覺得心累。

年齡或地位不重要：

十幾歲少女開始談戀愛時，完全不瞭解男人的思維方式。她們只知道從經驗觀察所得的資訊。她們以爲自己瞭解，卻困惑彼此溝通爲何如此艱難。

公司來了一個新經理，他似乎言行不一。但你總不能挑戰上司吧？所以你只能努力瞭解。

新婚夫妻很快就發現，配偶不符合他們的預期，開始困惑婚禮結束後發生了什麼事情。

母親想知道兒子與女兒爲何南轅北轍，想搞清楚他們的想法——尤其是青春期的兒子。

想學習新技能，妳會去上課，讀書，或參加研討會，學習新視角。如果想加強自己與男人的溝通技巧，就值得妳花時間和精神。

該踏上這趟旅程了。

每個人都不一樣

我是晨型人，通常日出前醒來，五分鐘內就完全清醒。來杯咖啡展開新的一天，我就精神飽滿，那時候是精神最佳狀態。到了晚上九點，我就說不出太複雜的字彙，挺胸走路都覺得困難。頭一沾到枕頭，幾秒內就睡著。

妻子黛安卻是夜型人。她經常因為工作必須早起，所以她學會在早上勉強打起精神。但她往往是下午或傍晚最有效率。她通常需要更長的時間才能入睡，因為大腦還沒完全休息。

我們婚後兩周便發現這個問題。我們上床就寢，我正準備呼呼大睡時，聽到男人最害怕的六個字：「我們需要談談。」

對她而言，這個時段合情合理，畢竟她整天都翻來覆去思索某件事情。身為一個年輕丈夫，我驚慌失措，因為我不希望她認為我不在乎。我在她敘述時告訴自己，不要睡著……不要睡著……她以為關愛她的新婚丈夫一定樂於討論這個問題。我真的有興趣，也真的在乎。但她說了又說，我漸漸墜入夢鄉。

她只是對著空氣說話。

後來我們不得不進行損害控制。正因為這次經驗，我們才意識到彼此的差異。部分原因是晨型人和夜型人的分別，但問題不止於此。我們真的大不相同，因為她是女人，我是男人。

我們不理解這些差異，就會導致溝通面臨挑戰。

✵差異的真相

「我不懂，」有位朋友說。「我就是不理解男人。」

「怎麼了？」我問。

「我們交往時，」她繼續說，「我是他人生的第一要務。他追求我，送花給我。他會無緣無故打給我。我上班時，他在我的擋風玻璃上夾情書。他不斷給我驚喜，贏得我的心，所以我才嫁給他。」

「後來發生什麼事？」

「我發現他從哪兒弄到那些花，」她說。「他經過附近墓園，直接拿走墳上的花。」

「妳覺得不舒服？」

「當然！」她回答。「他覺得自己的做法明智又實際，因為這些花已經完成任務，只會被當成垃圾丟掉。我說這種舉動很噁心，他就是不懂。他是個好人，這種事情似乎不是他的為人。他到底想什麼？」

大哉問：男人到底想什麼？

答案不簡單。唯一可以肯定的是男人的想法不同於女人。我們可以辯論上一整天，但從經驗也知道，男人和女人不一樣。

過去幾年，大家格外強調職場平等。女性以往從未享有和男人同等的機會，法律已經打開這些大門，而且理所當然。

但是過渡期的障礙重重，人們以為這就意味「男人和女人一樣」。盡量減少差異聽起來不錯，因此人人都能得到平等待遇。無論男女都能穿著專業服裝，圍坐會議桌，承諾彼此尊重。門戶大開，每個人都有機會。

接著兩性開始交談，集體反應卻是……「蛤？」

人們出於好意，努力發揮平等精神。他們希望以應有的尊重對待職場關係、婚姻、愛情和友誼。人們彼此關心，希望在他人的人生建立最好的關係。

但是「平等」不同於「相同」。男人和女人之間的確有差異，最明顯之處就是我們的溝通方式。女人搞不懂男人，男人也搞不懂女人。解決方案不是「修補」差異，而是理解對方。

我們可以立法約束行為。但試圖改變男女之間的先天差異，就像投票決定太陽在天空的移動方向。我們可以投票，但選錯方向仍會感到沮喪。

市面上有許多書辯論性別角色和社會問題，本書不在其列。這本書只是男性撰寫的指南，提供女性瞭解男人的內心世界。女人越瞭解男人心，越容易運用這些知識與身邊的男人進行有效的溝通。

我和某些女性談過，她們很沮喪，因為她們雖然想溝通，卻像幫時速一百公里的車子換輪胎，根本辦不到。有位朋友說：「我以為很容易，因為我們有很多共同點。一旦開始深談，我們說的彷彿是不同的語言。真希望他能附帶說明書。」

此外還有一個問題：每個男人都不同，就像每個女人都不一樣。如果我們用刻板印象說「所有男人都這樣」「所有女人都那樣」，麻煩就大了。我讀過這類書籍，心想，是啦，但聽起來不像我。所以我們展開這趟旅程之際必須用上某個重要的濾鏡：每個人都獨一無二。

不過男人還是有共通點，只是我們一開始就要知道——每個人都不一樣。書裡討論到的概念只是起點，事實上，妳可能會從這些發現當中找到有趣的聊天話題。這本書是探索的工具，不是給身邊的男人貼標籤。

是的，如果每個男人都附帶說明書就好了，可惜沒有。女人、孩子、老闆、鄰居或姻親也沒有。有些通則適用於我們與這些人的關係，但那只是起點，我們必須逐一拆解每個人。

✷誰偷了說明書？

有張我最愛的照片是長孫女艾薇莉從醫院回家。女兒第一次抱著她在水槽裡洗澡，女婿拿著醫院的指示。他們茫然的眼神似乎說著：「呃，現在該拿這個孩子怎麼辦？」

十二年過去，他們一步步搞清楚，艾薇莉也健康成長。但我確信，他們一定常希望不同階段都有指導手冊。

搞清楚如何與男人溝通就像開車。每輛車都有煞車、油門踏板、方向盤、車燈和加油孔，只是有時位置各不相同。我最近租了一部車，卻找不到開油箱蓋的按鈕。幸好手套箱裡就有使用手冊，我才能查到。（按鈕在莫名其妙的位置，我自己瞎找絕對找不到。）

只要依照汽車使用手冊操作，就能得到可預期的結果。這個原則不適用於人，因為每個人都不同。男人有許多一致的特質，但我們不能期待「人人適用」，也不能預期每次都會套用成功。我們可以學習溝通和互動的基本技能，但這個過程不固定又不斷變化。

這本書不是使用手冊，而是促進理解。妳不會看到斬釘截鐵的清單，或是遵循哪個過程就能保證與男人完美溝通。但是讀者會清楚知悉男人的想法，以及這些想法與女人又有什麼不同。妳會明白男人為何會這麼想，即使妳不能理解造成這些差異的邏輯。

我妻子黛安直指，有很多書籍是男性教導女人該怎麼做。即使建議合情合理，也是從男性角度切入。這就像魚教鳥游泳。

我認同，所以要謹慎行事。我的男性思維無法理解女性思維的運作方式，但我加以研究，並學會欣賞、尊重，找出合作之道。我的目標不是提供制式答案，但我會分享我的想法和觀察。我的主要目標是，在妳探索男性大腦運作時與妳同行，充當翻譯或嚮導。

我曾經去加州最大的電力公司辦研討會，安全部門總監也來上課。我問起他的工作內容，他說：「我的任務就是別讓人丟掉性命。」我進一步追問，他說：「如果不尊重電，電會要人命。我確保同事知道後果，和電交手時才能做出正確抉擇。公司每年都有幾個人喪命，因為他們把電視為理所當然。」

「老實說，」他繼續說，「我不懂電。我有相關學位，依舊難以掌握電力運作原理。但我非常尊重電，也學會怎麼運用得到最大效益。同仁不必通盤理解，但必須懂得原理，他們配電時就不會受傷。」

這個解釋很棒。女人永遠不會完全理解男人的思考模式，因為這不在她們的聯想範圍內。但她們若知道男人腦子正在想的事情，就能利用這種尊重，維持彼此的感情。

✷ 瞭解男人——不費吹灰之力

大腦是男人的控制中心，他的行為和想法全都來自大腦。因此，如果妳想知道如何與男人溝通，就得搞清楚他的腦子正在想什麼。只要明白他的大腦，就能解釋他的行徑。

我無法說明某個特定男人想什麼，但我們可以參觀他的大腦。我會擔任嚮導，在某些「風景名勝區」駐足觀賞，還會強調這些地標。我會指出陷阱和危險區，告訴妳哪裡可能有流沙或有毒廢物。我們還要爬上山峰，看看妳被困在沼澤就會錯過壯觀美景。

完成旅程之後，妳會認識男人的思維運作模式。每個男人都不同，但妳會知道該找什麼。這條小徑走起來不再那麼陌生。更瞭解他大腦的全貌，妳就能調整溝通方式，有效建立關係。

✷ 溝通——關係的關鍵

女人不能只靠閱讀關於男人如何思考的書，就期望事情改觀。這只是起點，理解必須透過溝通付諸實踐。如果我們能好好溝通，就有很大的機會改善彼此的關係，否則很難增進兩人的感情。

男人和女人交談時，兩人是進行跨文化溝通。即使他們說的可能是同一種語言，那些詞彙卻各有不同涵義。他說，「我餓了」。她可能會想，他希望我幫他料理餐點。也許是，但他也可能只是陳述事實，不帶任何期望。如果一方揣測另一方的意思，就會導致不太愉快的對話經驗。

無論婚姻、家庭、上班或友誼，這個原理適用於任何關係。女性在生活的方方面面都會遇到男人，必須精準地看透男人，而不是把他們當成需要修理才能與她有同樣思考模式的瑕疵品。重點不在改變，而是融洽相處。

✳這本書有何不同

當我著手研究時，我博覽這個主題的書籍。我找到的資源是關於建立關係、強化夫妻感情、克服人與人之間的分歧；其中有幾本專門著墨於如何理解男性。多數書籍符合以下至少一個類別。

- 作者是女性，內容根據她們自己與男人交手的經驗。
- 內容著墨男女關係，而不只是關注男人的獨特性。

- 書裡盡是該採取哪些行動的忠告和建議。
- 內容是個人意見，而不是學術研究。
- 內容以研究為基礎，讀起來就像心理學論文。

這類書籍多數為讀者提供了絕佳視角和附加價值，滿足特定需求。我卻沒看到哪本書是用簡單、符合常識的方法理解男人如何思考。

這本書是男人試圖「敞開大門」。我想帶妳看看男人的思維領域，只要妳知道男人運作的基本原理，和身邊的男人進行有效溝通就有所本。明白男人的獨特性和觀點，可以解開兩性溝通的神祕面紗。

當我告訴女性我正在撰寫這本書，她們的反應通常是如釋重負：「這就是我要找的書。」男人聽到卻害怕得難以自已：「不要啦！別洩漏我們的祕密！」

這本書不是為了幫任何一方提供優勢，而是指引溝通以及和諧相處的路線圖。內容引述其他人的研究，以及我自己的背景。我不僅在男性大腦中活了很久很久，工作也是研究各個環境的人。我當過大學教授、牧師、導師和教練，作為企業顧問，我主講過三千多場研討會。我的博士學位主修高等教育和成人教育，也是我開始學習人們如何思考的基礎。

我不是對每個男人的大腦都瞭若指掌。我的經驗只意味著我有許多機會觀察人類行為，並與人互動，我想分享這些觀察。我不要求讀者照單全收，目標只是讓妳領會男人的思維，鞏固妳與他們的關係。

本書將涵蓋以下主題：

- 在高壓和低壓的情況下該注意什麼
- 他為什麼不說話或不敞開心房
- 男人如何傾聽，與女人傾聽的方式又有何不同
- 他說的話是什麼意思
- 溝通的幻覺
- 他的選擇背後的涵義
- 成熟的關係是什麼模樣
- 他過去的背景如何塑造他的現在
- 驅動男人的因素
- 他的哪些需求只有女性能提供
- 為什麼他看不到污垢

- 他的情緒是什麼模樣
- 他如何付出關懷

這就是我們的方向。這是理解男性的旅程，我迫不及待想帶妳到處看看。也許妳拿起這本書是為了更瞭解丈夫或男友，所以那就是我們的重點。但妳也能將這裡所學應用到男性上司、朋友或親戚身上。

上路吧。我們已經到了登山口，準備一起冒險吧。

好好享受這趟旅程！

✹等等——妳需要簽署免責聲明

在我們啟程之前，有份重要的免責聲明：這本書寫的是健康的男性。

並非所有男人都健康。有些人有強烈的控制欲、自私自利，有些根深蒂固的問題來自兒時的生活經歷、創傷或家庭功能失常。

每個男人都有不負責任和自我中心的時刻，這不是男人的專利，每個人都一樣。這通常就會產生不愉快的對話經驗，本書將提供這時所需的工具和方法。

這些有害行為成為男人主要運作模式時，就超出本書的討論範圍。進行這趟旅程時，妳可能會發現，身邊男人大腦中的有毒部位已經氾濫成災。如果是這種狀況，心靈叢書已經無效，該採取專業手段了。

如果我頭痛，我會吃阿斯匹靈。如果我心臟病發，我需要訓練有素的心臟病醫生的專業知識。如果我想治療自己，可能會沒命。這本書是瞭解善良、健康男性的指南，他是凡人，並不完美。這就是我們的任務範圍和討論的基礎。

Part 1

照護和餵養男人

The Care and Feeding of a Man

外孫女今天收到一盒蟲子。我上午在他們家幫女兒莎拉處理幾件事，她的孩子去教堂參加暑期課，所以莎拉趁接他們之前，和我一起工作。後來她出門，我留在車庫，門開著。

聯邦快遞的貨車停下來，司機下車，遞上一個小包裹。我拿回屋裡，回頭繼續工作。

艾薇莉回家看到包裹很興奮。她拆開標籤，打開盒子，拿出包裝填料，端出一個小圓盒打開。她開心地給我看內容物，是幾十條蠕動的短小蟲子。

艾薇莉養了一隻鬃獅蜥當寵物，這隻看起來很酷的爬蟲類名叫莉亞（以《星際大戰》裡的莉亞公主為名）。她存錢買下，養在房裡的飼養缸。缸子裡有莉亞可以睡覺的地方、放食物的碗、可以攀爬的石頭，還有加熱燈可以讓牠在岩石上作日光浴。

莉亞還有個吊床。

莉亞是隻快樂的鬃獅蜥。為什麼？因為牠受到良好的照顧。艾薇莉購買鬃獅蜥之前，花了很多時間研究。她研究牠們吃什麼、如何睡覺，哪種環境最理想。她定期清理飼養缸，甚至用繫繩帶著莉亞在後院散步。

換作我也很開心！

就算成人也會花很多心力研究寵物，盡力瞭解寵物的每件事情。有了這些知識，我們就不會抱怨牠們不說話或不和我們一起參加團隊運動。我們漸漸瞭解牠們的天性，需要什麼條件才能成長茁壯，我們竭盡所能滿足牠們的需求，不會有不切實際的期盼。一旦一切符合我們的預期，就覺得養這些寵物好快樂。

這個原則也適用於男性。女性有特定、獨特的要求，男性則有不同需求。只要滿足這些需求，他們就能自由自在地成為天命中的男性，否則只會成天躺在吊床上。

開始讀這本書時，就聽聽他們有何需求，而且直接追本溯源，我們將從目前的研究和他自己的角度看看男人的內心世界。女性研究男人，並且盡可能瞭解他們，才有最大機會在未來與他們建立美滿的關係。

第一章

男人來自地球，女人也來自地球

我們要探索男人與女人不同卻又相似的層面，方法就是理解多數男性都有的基本特徵，再看看每個特徵在不同男性身上又是如何呈現。

這些年來，我們買了很多自己動手組裝的家具，已經非常熟悉以下過程：

- 打開盒子
- 找說明書（至少我太太會找）
- 拿出所有零件
- 試著按照說明書組裝
- 感到沮喪

- 去吃餅乾

寫說明書的人似乎根本沒見過實際零件。他們「循序漸進」的過程比較像是「做了又停」。我們心想，如果我不恍神，一定有辦法。可惜不然。

碰到男人是不是也一樣？妳找到喜歡的款式，盒子上的圖片好像也不錯。結果打開盒子，沒有說明書。沒關係，妳心想。他是預先組裝好的款式，妳不需要費神組裝。

可是缺的不僅是說明書。也沒有解釋他如何運作的使用手冊。妳找不到電源開關。他莫名其妙就開機，在妳最無法預料的時候又突然關機。他平時還算正常，但妳似乎沒辦法控制他。多數時候，他可以進行妳期望他做的事情。

但是妳在最料想不到的時刻，他卻不合作。妳以為他會幫忙做家務，他卻癱在沙發上，一邊看著大螢幕上的人在空地狂奔，一邊吃奇多玉米脆片。

妳心想，跟當初說的不一樣啊。妳期待生活伴侶和隊友，但彷彿有人對他輸入錯誤的程式，還沒辦法修復。妳準備把他放回盒子，換個截然不同的型號。

這時，妳看到盒子上有個先前沒發現的警告標籤：

- 「脆弱」（他需要鼓勵才能繼續運作）

- 「這端朝上」（如果他不高興，就不能正常運作）
- 「不含電池」（他會在最糟糕的狀況下沒電）

沒有使用手冊時怎麼辦？自己寫一份。

多數女性與身邊男人互動都有類似經歷。所以她們互相討論，想搞清楚男人想些什麼。但是她們不知道男人心的運作方式，也是枉然。她們根據自己的思維撰寫使用手冊。因為她們只能寫自己知道的事情。

這麼做可能很危險，因為那些男性差異可能被視為有待解決的問題。我看過專注於以下兩種方法的書籍：

1. 調整那些差異
2. 應付那些差異

上述兩種方法可能都不健康。她們忽略了一件事，一段關係就是要有差異才會成長茁壯。這就是第三個選擇，也為這趟旅程奠定基礎：如何擁抱那些差異。

我知道妳急著想解決雙方的歧異。但是，探索和擁抱差異的最佳方式，就是先從相似之處作為堅實的基礎。男女之間的相似之處多過彼此之間的差異。如果我們能從相似之處著手，更能欣賞彼此的不同。

只關注差異，可能會覺得遭到不公平待遇，彷彿不會有任何進展，妳陷入僵局。妳碰上這種狀況，覺得有必要照顧自己，滿足自己的需求，因為男人對這些事情沒興趣。妳要的是一段感情，卻覺得自己還是偽單身。

所以我才說要從相似之處開始討論。關注男女之間類似之處，我們對彼此的互動才有較為平衡的觀點。人類的基本需求適用於每個人。

簡而言之，要說男女很相像，的確很相像；要說兩性差很多，也真的是南轅北轍。

✳相似之處的基礎

我兒子提姆結婚不到一年。某次我問他：「婚姻有哪一點是你先前沒想過的？」「沒想到可以這麼有意思，」他回答。「但也沒想到我們有多麼不同——而且這種差異又有多棒。」

我請他解釋。「大學時期，」他說，「約會的女生都像我。我猜，我們之所以交往，是因為我們有很多相似之處。我們喜歡同樣的東西，有同樣的品味，甚至有許多同樣的性格特質。我以為這就是找到靈魂伴侶的方法。」

他繼續說：「但是露西和我天差地遠。她的一切如此不一樣，交往起來才這麼有意思。我料不到她的下一步，她看事情的角度也和我不同。我認為我對某些事情的看法無誤，她卻帶來全新視角，我因而重新整理思緒。相較於爭論誰的想法正確，我們則是攜手合作，每件事變得更順利。」

我這幾週反覆思索他的答案，發現兒子的見解有多睿智。多數人都被想法雷同的人所吸引，因為自在又熟悉。彼此相似，所以投緣，也容易展開一段全新的關係。

但每個人都獨一無二。因為相似而建立的關係，日後往往會因為彼此的差異而分開。相似之處讓人自在，差異則教人難以消化。兩人之間的不同漸漸浮上檯面之後，我們很容易只關注這些歧異，對相似之處視而不見。我們以為對方變了，其實只是相處得夠久，看到對方漸漸顯露自己的獨特之處。

這個道理適用於每種關係：婚姻、工作、戀愛、家庭和友情。我們喜歡留在舒適區，避開不自在的地方。所以在一群人當中，如果你很像我，我就會覺得投緣。當你開始告訴我，你的冰箱放著你收藏的線頭，或你對地下白蟻有興趣，我就開始覺得不自在，默默走開（除非我也有相同興趣）。我們因為類似而交談，又因為差異而漸行漸遠。

✷主場優勢

無論是私下的交際、戀愛、普通互動或公事往來，相似性提供「主場優勢」。因此我們研究男女之間的差異時，應該也花點時間強調相似之處。我們有什麼共通點？我們都需要什麼？

看看提供這個基礎的男女相似之處。雖然程度不同，但我們都需要：

- **得到愛**——在別人的心中占有一席之地
- **得到尊重**——因為我們的個人特質、成就或地位而受到欽佩
- **受到需要**——我們可以填補某人生命中的空白
- **得到關愛**——有人特意關心我們
- **得到注意**——我們吸引別人的注意，而不是被當成隱形人
- **受到重視**——假設我們離開某人的生命，對方會感到缺憾
- **神清氣爽**——有人為我們的生活注入一股清流
- **受到信任**——有人在我們的陪伴下覺得安全，並且與我們坦然分享人生
- **得到傾聽**——我們開口時，有人想理解，而不只是回答

- **受到鼓勵**——我們氣餒時，有人會加油打氣，鼓勵我們
- **得到支持**——情況失控時，我們相信有人不會放棄我們
- **可以做夢**——夢想有風險，有創造力，我們需要有個人不會因為我們對未來的瘋狂想法而輕視我們

這張清單可以列得更長，但主旨明確。就因為我們同樣生而為人，我們與他人之間的相似之處多過彼此的差異。

想像一下，如果我們努力滿足對方的基本需求，而不是專注於彼此的差異，這段關係有多麼生機盎然。如果我們刻意利用彼此的相似之處，可能根本不需要這本書。只要滿足兩方的共同需求，一旦遇到分歧時，就有堅實的基礎可以好好處理彼此的差異。

得到信任、尊重、有人傾聽、鼓勵，妳的感覺如何？如果妳能抱持這些目標關注身邊的男人呢？刻意融入他人生活，就是為健康、美滿的關係打好基礎。男性上司成為妳能理解、有血有肉的真人，而不是妳僅僅覺得要取悅的對象。同事和朋友成為妳能分享生活經驗的人。約會的男伴和兒子們都與妳不同，然而你們之間的共同點可能比妳意識到的更多。

歧異導致摩擦時，妳會因此耗盡精神和注意力。「男人就是有病，」妳說。「我不理解他們。」沒錯，而且教人沮喪。就算妳現在不覺得，遲早會碰上。這種心情千真萬確，沒什

麼大不了。

但要展開這趟探索，就從我們的相似之處開始。這些共通點和差異一樣真實，而且就保持人際關係健康而言，至關重要。

我們可以從以下幾個原則開始：

1. 有相似之處很好，讓人感到自在，也是人們投緣的原因。
2. 有差異很好，只是讓人不自在，可能導致人們疏遠。
3. 不要忘記彼此的相似之處，並擁抱兩人的差異，就能擁有健康的關係。

✷舒適區的力量

翠許對強說起她和朋友某次不愉快的交談，強聽過之後問了幾個問題。幾天後，翠許再次提起這件事，強卻不記得聊過。

從她的角度看來，他彷彿漫不經心又粗線條。但強完全不認同，也不明白究竟發生什麼事情。他知道自己傷了她，卻不知道原因，也不知道該怎麼辦。

我們就像翠許和強，都透過自己的「濾鏡」看待事物。這些濾鏡由我們的人生經驗琢磨而成，而且對我們最有效。我們通常不會質疑這些濾鏡，因為從內往外望，一切顯而易見。

如果假設每個人的濾鏡都一樣，我們就很難與他人溝通。

我們應該專注於理解別人的濾鏡，而不是妄想改變。沒有人喜歡受到「調整」，即使我們怪裡怪氣，也希望別人能接受我們原本的模樣。受到接納，我們就感到安全。只要有安全感，我們更可能自動做出改變。

男人與女人不同，但並不是完全沒有共通點；這些相似之處就是我們可以表現真我的舒適區。

人們經常說我們必須「離開舒適區」，這個說法適用於設定目標或突破人生現況。但就人際關係而言，舒適區很重要。時時竭盡全力不務實，也不實際。我們在舒適區生活、放鬆，打起精神。我們在這裡充電、重新振作。它是我們覺得……呃，舒適的地方。

運動是很好的比喻。舉重時，我們逼迫肌肉離開舒適區。因為這些勞動，才能鍛練出肌肉。但是運動之後，肌肉也需要時間休息。不斷勞動、休息，才能增加肌肉。休息的期間——舒適區——才能讓肌肉準備下次再出力，增加未來的負重能力。

就男女關係而言，我們的相似性就是那個舒適區，而且這個地帶應該占據極大的面積。彼此的歧異出現時，就會擠壓到舒適區，將我們帶到險惡的地域。瞭解這些差異又能讓我們回到舒適區，否則就會不斷感到挫折氣餒。

我們離開舒適區的時間越長，越覺得不安。那感覺就像有人把舒適區的門閂上，我們卻搞丟鑰匙。

出差時，我無法像在家裡一樣放鬆。我整天趕飛機，還租貸的車子，邊趕路邊找餐點、與客戶互動，在大批人群面前演說。轉機時間緊湊令人不安，班機抵達停機坪時，我已經筋疲力盡。雖然就快到家，還得開上一段路。車子開上私人車道時，我就像在烈日下曝曬一整天之後抵達綠洲。我終於可以放鬆，回到舒適區，可以為下一趟旅程休養生息。

我們都有「包袱」

我們輕描淡寫彼此的相似之處時，很容易將人隨意分類（尤其是異性），並認為，嗯，他們就是這樣。然而最令我們沮喪的事物往往不是身為男性或女性，而是我們從過去帶來的「包袱」。

「包袱」包括我們面對生活的無效方式。有時來自我們的成長方式——無論我們是否受到栽培、我們如何被管教，或者我們如何被帶大（撫養我們的父母又有他們自己的包袱）。有時來自人生經驗，可能是我們碰上痛苦的境遇又不知所措。我們不喜歡這種感覺，因此築起高牆或制定策略，以防再次受傷。

我們無法選擇父母。我們不能選擇社經地位、成長環境或其他人帶我們走過的經驗。我們只是孩子，沒有工具足以做出成人的選擇。我們只能在需要時，一點一滴隨手撿起任何工具。

隨著年齡增長，我們帶著這些工具邁入成年。有些奏效，有些無效，有些則是遺失了。長大的我們依然使用這些工具面對人生。有時這些工具有效，好比再三練習的談話技巧。有時工具失靈，例如我們努力與不肯傾聽的人談判，完了。工具無效，我們不知如何是好。我們需要新的工具，卻不知道上哪兒找。

這就是「包袱」。包袱指的是我們沒有或無效的工具——妨礙我們面對人生和人際關係的東西。

每個人都有包袱。男人有包袱。女人也有包袱。

我們因為相似而開始交往，共通點吸引彼此靠近。我們開始討論雙方的差異時，必須判定歧異的起源。男人讓妳感到沮喪氣餒時，務必釐清是因為他的男性特質，或是因為他的包袱。

如果是男性特質，這一點不會改變。最好認清現實，並學習如何應對處理。

如果來自他的包袱，這個差異不見得不會消失。也許根深蒂固，但頗值得探索。

男人可以在協助下擺脫包袱，但無法甩掉男人的天性。

✳不是所有男人都一樣

我們也不能說所有男人都一樣。每次有人說，「所有的男人都（請自行填空）」，這種陳述就站不住腳。就某些可預期的方面而言，男女的確不同，但每個男人的不同卻是獨一無二。某人可能比較多愁善感，另一個則不然。某人可能追求效能或表現，另一人則是深思熟慮之後才行動。

內向的我做事需要三思。我不會迅速做決定，會先探索所有可能性。聽起來很不錯，卻會導致拖拉延宕。

外向的人可能比較隨性，不必花很多時間再三忖度，就能果斷行動。他們可以完成許多事情，只是不一定有最佳成果。

正如男人和女人之間有相似之處和歧異，男人之間也一樣。他們有一堆類似之處，也有各自獨特的地方。並列比較相似點和差異時，相似點比較多。相對之下，差異較少。研究這些差異很重要，不過得先全盤理解男人之間的相似之處。

我們要探索男人與女人不同卻又相似的層面，方法就是理解多數男性都有的基本特徵，再看看每個特徵在不同男性身上又是如何呈現。

✳擁抱差異

我聽過許多關於這個話題的主張，都暗示女人需要迎合和征服男人。這種立場很危險，難以建立健康的真正關係。

如果女人需要迎合男人，就表示女人應該取悅男人。「男人就是這樣，」這些書說，「妳必須改變，照顧他們。」這對男人和女人都是不尊重，暗示男人永遠是對的，女人就是要改變。

倘若主張女人需要征服男人，就是假設雙方的差異帶有負面意義，表示兩性關係如同戰爭，女性必須展示力量，戰勝對方。這種立場同樣不尊重男人和女人，因為有一方永遠是對的，另一方絕對有錯。

要有健康的關係，只能明白雙方有所不同，並視為天雷勾動地火的要素。不僅是接受歧異，還要積極擁抱。

沒有什麼比探索另一個人更有意思。隨著關係的成長，兩人的獨特性可以永無止境地提供神祕謎團。隨便問問相處超過十年的愛侶，他們一定說在彼此身上仍然能發現新事物。他們不是互相較量要對方順從，而是互助合作，過著驚喜連連的人生。

第二章

他希望妳知道的事

男人的思考模式與女人不同。女人要知道男人如何思考，唯一的方法就是找他們討論。

這些年來，我們夫妻越來越善於準確溝通彼此的需求。這不是天賦，也還不完美，但我們越來越能掌握訣竅。

兒子對妳說：「我餓了。」妳會說什麼？

如果妳和多數家長一樣，回答可能如下：

「你不餓，你一小時前剛吃過。」

「我們不會停車吃東西，你得等到我們回家。」

「午餐時間再吃吧。」

「你不需要冰淇淋，你只是看到廣告，所以想吃。」
「胡蘿蔔拿去，你該吃健康的食物。」

身為父母，確保孩子得到需要的東西是我們的職責。我們從經驗得知，「我餓了」有很多涵義，所以孩子提出要求時，我們也習慣先拒絕。這就是我們對子女要求連連的處理方法。

因此父母聽到「我餓了」，很少回應「沒問題，你想吃什麼？」，我們也許決定這麼說，但得先確定孩子沒說出口的要求合理。

妳家男人對妳說，「我餓了」「我想邀妳一起去看球賽」「我覺得很浪漫」，或「我今天只想待在家裡」，妳怎麼說？或者在回答之前，妳怎麼想？

他的成長方式可能和多數孩子一樣，從小提出一大堆要求，大部分也遭到他母親的拒絕。如今他長大成人，重視自己的獨立性。他珍惜自己可以做選擇，而且為了這件事情爭取了大半輩子。這是他的本性。

如果妳發現自己常質疑他的要求的理由，動機可能很偉大。妳關心他的健康，希望他做出正確的選擇。可是妳揣測他的意圖時，猜猜他的大腦發生什麼事情？

沒錯——妳成了他的老媽。在多數成人關係中，這可不是健康的發展。然而這也不表示妳應該對他言聽計從。畢竟他內心依然是個小男孩，看到什麼都想要。但是妳如何處理這個問題，會影響他回應的方式。如果妳質疑他的要求背後的邏輯，卻不探究他真正的想法，他會覺得自己又回到孩提時期。希望他有好的回應，就得從他的濾鏡看世界。

如何辦到呢？要透過回應，而不是反應——請他說出他心裡想什麼，不要自以為是。不要說：「你瘋了嗎？我們今天那麼忙，不可能去看球賽！」試試另一種方法：「哪場球賽？什麼時候開始？可以和你一起去很棒，但是我今天預計要做完某些事情，我希望可以完成目標。能不能討論一下？我們想辦法找到雙方都滿意的做法。」

第一種方法讓男人覺得他碰到障礙，有人阻止他做他想做的事。第二種讓他覺得受到尊重，邀請他一起解決問題，這正是他的專長。你們因此成為共同處理問題的團隊，而不是相互抗衡。

✳男人還在想什麼？

上述的例子是我從某個男人那裡聽來，他每次想做什麼，妻子的反應都讓他很沮喪。他說：「我覺得受到控制，健康的關係不該是這樣。為什麼她就不能和我談談，而不是硬要我接受她的立場？不一定每次都要照我的方式，但她對我的想法總是同樣的反應，我似乎凡事都得與她鬥。」

過去一年，我針對這個主題做功課，也和很多男人討論這件事。以下是我常提出的問題：「你認為女人不知道哪件事情，而你希望告訴她們？」他們回答之前往往先歎氣，彷彿說，如果她們知道我們真正的想法就太棒了。

男人似乎都有希望伴侶能理解的事情，或許也曾經試著告訴她們。因為各式各樣的原因，對方聽不懂。在多數狀況下，他們覺得女人只是不想聽男人的看法（或是聽到也深表不屑）。有些男人的回答與婚姻特別有關係，有些則是涉及男女交往。就某種程度而言，這些答案都適用於一般男性。

我再次重申，請記住，這裡談論的是希望好好生活、經營健康關係卻不得其門而入的好男人。有些男人尚未成熟到足以重視自己與女性的關係，或有更深層的心理、行為問題需要面對。那又是完全不同的問題。

各位先生，儘管說吧

我記錄自己蒐集的答案，發現男人想處理的領域分為六大類。

1男人如何看待他們與女性的伴侶關係

男人想要伴侶，而不是另一個媽媽。

伴侶為了共同目標同心協力。他們的重點不是誰對誰錯，而是如何團結合作達成目標。他們不期待對方有相同喜好，但能全盤接受自己，而不是試圖改變他們。

男人和女人一樣致力於這個過程，甚至可能更努力。他們執行的方式不同，但都同樣有心。他對妳投入的心力超過他的表達能力，希望你們的關係能夠茁壯成長。但在他看來，這必須是雙方協力。以下是男人的說法：

「如果妳想在這段關係上下功夫，只要妳不頤指氣使，我也願意努力。我們必須齊心協力。」

「我們對妳很忠誠，在別人面前捍衛妳。我們不對家人說妳的壞話，也不希望其他家人這麼做。我們支持妳。妳也要用同樣態度維護我們。」

「不要不先問過就擅自幫我們答應。先和我們談談，讓我們自己決定。如果我們無法選擇，我們會全程臭臉。如果我們有選擇，我們可能會為了討妳開心而做。」

「家應該是避風港，是我們在外面奔波一天之後可以回去的地方。家必須是我們最想去的地方，因為那裡有人相信我們，無論如何都愛我們。」

2男人如何看待伴侶之外的關係

男人希望女人理解他們有必要和其他男人往來，希望妳別嫉妒其他女人。幾乎所有與我談過的男人都說前者絕對有需要，後者則是毫無必要。

「和其他男人相處有助培養我們的男子氣概，這不表示我們不想和妳在一起。但是我們和男人相處，可以灌溉我們陽剛的那面，讓我們在妳面前表現出最好的自己。」

「我們和哥兒們在一起時，如果妳有事，可以打電話或發簡訊。但請不要因為起疑或覺得有必要掌握我們的行蹤。我們不會有事，而且我們會回來。」

「如果有人對我們賣弄風情，妳因此覺得不開心，請找我們談談。我們可能覺得這種調情挺不賴，但我們也瞭解妳的感受。如果妳只是吃醋，我們並未背叛妳，感覺是妳不信任我們。」

「我們對妳許過承諾，也不想欺騙妳。我們應該更常說出口，我們認為妳美麗，聰明，機智。其他女人根本比不上我們之間的關係。」

「妳吃醋時，我們感覺不受尊重或信任。妳知道別人出軌，不表示我們也會這麼做。缺乏信任有害我們的感情。」

3 男人對女人的真實想法和感受

女人對男人的影響超過她們所知。儘管表面看來，男人的注意力分散在幾百萬件事情上，其實所作所為幾乎都是為了引起他們的女人的注意。

「我們希望妳對我們留下深刻印象，希望妳開心有我們陪伴。我們『好不好』取決於妳對我們的觀感。我們做得不對時，請姑且相信我們。我們很努力，而且一切都是為了妳。」

「我們有強烈的感情，只是從小被教育不要輕易流露。我們情真意切，而且往往因為妳而波動。妳不在我們身邊時，細微的瑣事都讓我們想起妳。」

「妳對我們微笑，我們就心花怒放，真的。如果我們不能逗妳笑，心情就更沉重。」

「我們真心希望帶給妳快樂。也許妳必須說明何謂幸福，但我們由衷希望妳開心。」

「我們不是永遠想著性愛。我們很注重這件事，但不是電視上說的那套。我們往往一次只關注一件事，性是其一，我們常常需要性愛，才能正常過日子。但性不是唯一。」

「我們說話時，妳不必尋找弦外之音，我們沒那麼複雜。如果我們說，喜歡妳今天的裝扮，不代表我們不喜歡妳其他時候的模樣。請接受我們的讚美，道謝就好。」

「我們表達情意往往是透過行動而非語言。請注意我們做的那些小事，那都有特別意義。我們做的多數小事都是為了讓妳的日子更輕鬆，這就是我們愛妳的方式。」

4 男人對女人外貌的看法

結果這個問題的答案相當直接。女人經常糾結於自己的外表，但男人認為她們隨時都很美。

「我們真心認為妳比妳想像中漂亮。」

「我們說妳很美時，請坦然接受，不要再以貶低自己來回應。我們只是陳述我們所相信的事實，妳卻說我們錯了，真令人沮喪。」

「我們不喜歡濃妝豔抹。一起出門時，我們喜歡妳盛裝打扮，但我們也真心喜歡妳在家裡完全素顏的模樣。我們愛的是真正的妳，不是裝飾過的版本。」

「妳的吸引力與妳的態度息息相關，其他事情都微不足道。男人很難抗拒自信、幽默的女人。」

「妳擔心皮膚鬆垮、疤痕、橘皮組織。妳赤身裸體時，我們的注意力不在那裡。我們有其他事情分散注意力，我們只是品味妳。」

「好好打理自己。我們希望妳在家裡放鬆，但妳有時費心為我們打扮也很重要。這並不代表妳需要華服濃妝，因為妳還是得覺得自在。妳外出時會打扮，但在家始終很邋遢，我們依然愛妳，但彷彿只能分到筋疲力盡的妳。」

5男人如何溝通

溝通是良好關係的關鍵。如果我們不能看穿彼此的濾鏡，無論男女都會因為自己的性別差異不被納入考量而感到沮喪。

「我們不知道妳想要什麼。不要暗示——我們聽不懂。只要直說——我們真的想知道。」

「如果我們沉默不語，可能正在思考。也可能是不高興，但我們不想說出任何可能傷害妳的話。又或者我們根本只是放空。」

「吵架請不要翻舊帳。過去就留在過去，目前就處裡當下的問題。」
「如果我們說錯話，不代表我們在壓力之下說出心裡話，只意味我們說錯話。」
「一起做某件事情，比起光坐著聊天，我們更容易覺得親近妳。」
「妳的話對我們的影響遠比妳所知道的要大。即使妳只是不經意地讚美我們，我們都能樂上好幾天。說我們看起來很帥，我們就會盡量每次都穿同一件襯衫。」
「我們不可能每次都看懂妳的表情。只有妳明白說出來，我們才知道妳心裡不舒服。如果妳想叫我們收碗盤，不要以為一臉疲倦，我們就會發現。請直接開口。我們很樂意照做，因為可以幫上忙。但我們無法靠自己猜透妳的心。」
「我們無法當妳的閨蜜，妳有女性朋友可以擔任這個角色。我們只能提供能力所及的事物。」
「談話時，請給我們思考的時間。我們必須先消化妳的話，才能做出回應。」

6男人需要什麼

男人一直說女人不知道男人需要什麼，因為男性的需求與女性不同。女性知道男人有哪些需求之後，必須接受這些需求的真實性。

「我們在生活各領域都需要得到讚賞。發現我們做得好，請告訴我們。」

「我們需要覺得妳對我們有慾望，否則我們的信心就會動搖。只需要小小調情，我們就會融化。」

「我們喜歡妳把頭靠在我們的肩膀上。」

「妳最大的讚美就是妳和我們在一起有安全感，這滿足了我們的保護本能。」

「我們沒有安全感，我們需要別人肯定我們還可以。而且常常需要。」

「如果我們覺得妳站在我們這邊，妳又能鼓勵我們，我們就會覺得什麼都辦得到。我們有這種感覺，就會時時支持妳。」

「我們需要覺得自己對妳有用處。妳要求我們幫忙，就滿足了我們的責任感。」

「我們想成為妳的英雄。只要妳讓我們信以為真，我們會為妳赴湯蹈火。」

✳用溝通取代假設

有個簡單的真理可以概括這一章的內容：男人的思考模式與女人不同。女人要知道男人如何思考，唯一的方法就是找他們討論。

這些年來，我們夫妻越來越善於準確溝通彼此的需求。這不是天賦，也還不完美，但我們越來越能掌握訣竅。

我們八年前搬進目前的住家，當時改裝工程浩大。我們刷油漆、拆隔間、拆天花板，換窗戶。我們做了好幾個月……才意識到我們沒有足夠經費完成每項工程。

原本打算換地毯，但我們延到多數工程之後。我們沒粉刷客房的踢腳板，因為我們以為換地毯時就能一起施工。結果預算越來越緊繃，我們始終沒換地毯。看起來很糟糕，但我們有多少錢做多少事。

幾週前，我發現踢腳板始終沒粉刷，客房看起來就像沒完工，只是我們習慣了。我們倆甚至想都沒想過，不過客人肯定很納悶。

上週我有幾天的空檔，我決定粉刷踢腳板。我們大概還需要一段時間才會換地毯，但至少房間就像完工了。我清理踢腳板，在地毯周圍貼上膠帶，小心翼翼地刷了兩層漆。家具全放回原位之後，房間看來煥然一新。

以前我會等黛安發現，然後發表高見。有時，她好幾天都沒注意，我就會傷心，因為她不重視我的苦心。但我漸漸學會採取更直接的方法。

等她下班回家，我說：「妳有空來客房讚賞我粉刷的踢腳板時，請叫我一聲。」

她說：「好，等我三分鐘。」

三分鐘後，她牽起我的手，走進客房。她慢慢環顧四周，俏皮地說：「讚啊！」幾秒後又說，「哇！」接著說出真心的讚美：「看起來就像截然不同的房間，畫龍點睛呢。你做得棒透了，謝謝！」

我們的互動直接，幽默。我覺得她尊重我，這種好心情維持了好幾天。為什麼？因為我直接把自己的需求告訴她。

最棒的是什麼？我成了她的「踢腳板英雄」。

我的人生就是為了這一天。妳的男人也一樣。

Part 2

他如何思考

How He Thinks

我和妻子第一次前往夏威夷時，美好的經歷感染了我們。我們在那幾週愛上人生、愛上對方、愛上周圍的環境。美不勝收的島嶼風情激發我們的情感，就像刻畫出夢想的照片。

回到家就像過完耶誕節，你不得不拆掉裝飾品，恢復日常生活。但是這趟旅行太精采，我們不願意就此放手。所以我們討論用熱帶植物美化院子，重新創造這個經歷。日子難過的時候，我們走出後門就能逃到樂園。

我們沒真正執行，只買了一棵雞蛋花樹。這種樹能開出獨特的芬芳花朵，可以用來製作夏威夷的傳統花環。那種樹就像一呎長的枯枝，應該是插到土裡就會長。

它的確長大了。應該吧。

往後幾年，樹長大了一些，長出兩三根樹枝，每年開出六、七朵花。

只要湊得夠近，就能聞到花香，但絕對沒辦法讓院子飄滿馨香。在這種氣候下，雞蛋花樹始終長得不好，至少不像夏威夷那麼茂密。

我們後來想到，我們用照顧其他植物的方式種植這棵樹，還期望它成長茁壯。如果研究過它的特性和需求，我們就會有不同的期望。如果照顧妥當，這棵樹本來可以成為花園的重頭戲。

男人就像這棵樹。他們的思考方式與女人不同。如果女人假設男人有同樣的思考脈絡，一定每次都會失望。如果她希望他充分發揮潛力，她就得瞭解他的內心世界。有了這些知識，她就能做出對他和雙方感情有幫助的選擇。

第三章
灰質

我們根據自己而非對方的濾鏡揣摩對方的想法。為了準確看透其他人，我們需要承認他們可能有不同的濾鏡。這不表示別人的濾鏡有問題，只是不一樣。

觀眾看早期西部影集，很容易區別好人或壞人。好人戴白帽子，壞人戴黑帽子。後來人們希望這些節目提高神祕感，所以製作人偶爾會混合一下。你以為看帽子顏色就能判別誰是好人，誰是壞人。結果白帽男子成了反派，黑帽男子才是那個把惡棍送進監獄的人。

現在電影和電視節目情節更複雜。從節目一開始，我們就根據人物外表或行為推測。一個看起來自在、真誠，穿著輕鬆，就像你想相約喝咖啡的人。另一個始終沒有笑容，總瞇著眼斜睨，渾身散發謊言的氣息。你絕對不想在暗巷遇到那個男人或女孩。

但隨著情節發展，這個友好的角色其實利用魅力執行奸計，那個可疑人物才是致力於將對方繩之以法的英雄。

以貌取人是人類的天性。邂逅不到幾分鐘內，我們就有自己的判斷，對方後來沒達到我們的期望，我們便感到意外。如果好人成了壞人，我們覺得尷尬，因為我們無法準確「判斷」。

我曾經聽過一場演講，主講人說我們在談話最初四分鐘就形成第一印象。一旦我們判定對方是好人或壞人，這個印象往往就揮之不去。如果我們對某人有好感，即使他們做了可疑的事情，我們也會相信他們。我們心想，他們那麼好，這一定是特例。我們要承認自己錯了，就需要事情一再發生才會相信。如果我們在四分鐘後對某人覺得反感，他們卻做了一件好事，我們會心想，那只是僥倖，他們是壞人，那不是他們個性會做的事情。我們需要反覆看到「好」事，才承認自己看走眼。

這個基本概念沒錯。主講人接著教聽眾如何偽裝四分鐘，說：「如果你能裝上四分鐘，就能讓任何人站在你這邊。」我對這種應用方法不以為然，但我聽到基本概念：無論對錯，我們很快就會對別人有定見。

✳評斷男人

如果好男人都戴白帽，渣男都戴黑帽，不就太好了？但人生不是西部電影。現實世界比較像現代電影的情節，妳試圖搞清楚男人，但他們不見得達到妳的期望。

妳遇見夢中情人。他很敏感，想和妳交往，他會傾聽，會打電話，在這段關係中主動出擊。他不是妳常聽到的刻板男人，他不一樣。他可能不完美，但已經很接近。

他戴著白帽子。

後來妳和同事發生了一點事情，妳急著告訴他，因為他總是認真聽妳說話。但這次不太一樣，他似乎心不在焉。妳還沒說完，他就說：「好，問題就是……以下是妳該做的事情。」

呃。這似乎不符合妳對他的判斷，因為他戴的是白帽子。所以妳姑且相信他。他只是累了，妳告訴自己。他這幾天不好過。

但這些事情越來越頻繁。他不像以前那樣專注傾聽，工作似乎占據他更多注意力，妳分到的時間越來越少。他不像過去那樣熱烈追求妳。如果他正在看電視，妳引起他注意的時間只能維持幾秒鐘。他不像以前那樣迅速察覺妳的情緒波動，更沒發現妳不開心，直接告訴他，他還很驚訝。

白帽上出現妳以前沒發現的污漬。妳開始納悶，以前聽到的男人的刻板印象也許是真的。妳可能錯了，以為他與眾不同，或許他根本不是妳的夢中情人。

其實妳只是做了每個人都會做的事情：根據第一印象評斷別人。這是人性。如果是正面印象，我們便覺得安全。如果是負面印象，我們就提高警覺，保護自己。這很自然，大家都這麼做。

當我們通過自己的「濾鏡」觀察，還以為對方有同樣的濾鏡時，問題就來了。

舉例來說吧。有個女人看到某名男子收看體育節目（這是常見的刻板印象），她對他說了些什麼，他咕噥說「嗯嗯」。球賽結束之後，他甚至不記得兩人說過話。她覺得如果是她收看比賽，有人對她說話，她會停止觀看，好好聽人說話才繼續看比賽。這才合理，也才符合普世價值的禮儀。這是她在那種特定狀況下的濾鏡，也是她的想法，她覺得這是常識。

當男人有不同的舉動，她透過自己的濾鏡認定他很沒禮貌，不體貼。為什麼那場比賽重要到他忽視我？她想。難道對他來說，我比不上比賽？

其實他可能根本不覺得自己忽視她。她當然比球賽更有意義，但他有不同的想法。他靠男人的模式思考，而非女人。他心想，這是一場偉大的球賽，他們就要得分了，一切就看接下來的幾球。我知道她有事找我，一旦球賽結束，我就會把全部注意力放在她身上。但現在正打到最精采的部分！男性大腦的運作方式和女人的大腦不同。女人可以同時專注於許多件事情，男人則把全部注意力放在眼前的任務。

這就是初步評斷的問題，我們根據自己而非對方的濾鏡揣摩對方的想法。為了準確看透其他人，我們需要承認他們可能有不同的濾鏡。這不表示別人的濾鏡有問題，只是不一樣。

男性大腦如何運作

男性大腦到底如何運作？他從他的濾鏡看到什麼？

男性和女性的大腦有生理差別，有助於我們理解為何兩性的反應和應對方式不同。在不扯到深奧的科學或醫學解釋前提之下，我們姑且到他的腦袋裡遊歷一番。

妳可能聽過男人的大腦多半比女人大。如果聽過，可能是從男人那裡聽來。他想告訴妳，他的大腦比較大，暗示他更聰明。妳不信，的確不該相信。

多數研究指出，就整體而言，男人的大腦較大。同樣地，男性的身軀也比較大。因此，以這個前提假設他比較聰明並不公平。

底下的資訊就有意思了：男人大腦某些部位確實較大，這點也適用於女人的大腦。男女都傾向於運用較大的部位，因而影響他們的抉擇、態度和行為。

妳可能聽過大腦被稱為「灰質」。如果妳看過人腦，就知道那是灰色。某人思路清晰時，我們會說，「灰質就該這麼用。」

男人的灰質比女人多，其實大概是六倍之多。灰質充滿了所謂的神經元，而且是大腦的處理中心。男人用灰質執行大部分的思考，如果妳想讓身邊的男人對妳刮目相看，就說妳發現他的灰質比妳多六倍。妳一定能猜到他的反應[1]。

但妳需要告訴他的資訊不僅止於此。

大腦也有所謂的「白質」，由神經元之間的連接所組成——將所有神經元連結起來，並且在灰質中來回傳遞信號。女性的白質約是男性的十倍。這意味女性的大腦結構更複雜，而且用這種網路思考的速度比男性快。因為有更多白質，大腦不同部分之間更容易建立聯結[2]。

---

1 作者註：《男人和女人的思考方式確實不同》，作者為Bjorn Carey，二〇〇五年一月二十日刊載於Live Science網站，https：//www.livescience.com/3808-men-women-differently.html。

2 同注釋1。

✷這意味什麼？

所以男性和女性處理相同的問題或完成同樣的任務，卻運用大腦的不同部分。我們聽到孩子的笑聲，看到美得過火的夕陽，或聞到沙漠中的雨水。這些信號被發送到大腦的邊緣系統。那是產生情緒之處，它們經由所謂的杏仁核的控制中心處理。（你不必記住這個。如果妳是女人，妳可能會記得。如果你是男人，現在已經忘光了。）

這些大腦差異意味女性和男性用不同方式處理這些信號和情緒。

一般而言，男人不覺得情感有趣，可能還覺得困惑，他們不確定該如何處理，所以他們選擇動作多於情感的電影。對他們而言，用灰質解決問題更容易、更自然，而動作片正符合他們的需求。

女性通常選擇探索關係的劇情片和情節豐富的電影。女性大腦中較大的部位稱為海馬體，任務是記住情感流動時的細節。所以女人記得五年前意義重大事件的具體細節，包括對話、裝飾、人們的穿著和她當時的情緒。

男人能記住這件事就算走運了。這不表示他健忘，只代表他的大腦運作方式不同[3]。

從生物學角度而言，這是男人和女人之間最重要的差異之一。男人往往一次用大腦的一個部位思考，因此他們可以專注於一件事，通常完全忽略其他事情。

男人盯著電視時，大腦不留意周遭任何事情。有項研究發現，掃描觀賞電視的男子的大腦，結果就像他連續盯著營火好幾個小時，腦子都沒有太多活動。

女性大腦的特徵是連接。無論她們想什麼，都連結到腦中其他事物。她們腦子很少打盹，即使休息，大腦的活動依然頻繁。所以她們睡著還能聽到嬰兒哭聲，多數男人則睡到翻過去。

女人放鬆時，心理活動繞著大腦處理感情和情緒的部分。男人休息時，心思鮮少放在情緒上，比較著重於「戰鬥或逃跑」。男人感到危險時，多半先行動、思考，最後才是感覺。女性傾向於先感覺、思考，然後決定採取哪些行動。

前面提過，不是每個人都符合這種模式。每個人都獨一無二，並且將他或她的特質帶進每段關係。妳或妳的男人可能正好相反。一般而言，男人比較傾向一端，女人則偏向另一端。

---

3 同注釋1。

✳成長環境有關係嗎？

有人認為這些特徵來自一個人的教養和成長環境。家長教養男孩的方式可能比較粗暴，女孩比較容易得到溫柔的對待。男孩從小被教導某些情緒不夠陽剛，所以他們學會加以隱藏。在他們的成長過程中，也可能得到不同於女孩的機會。

我們的教養經歷絕對有影響。我們無法選擇出生在哪裡、父母是誰、環境如何，或者是否受到栽培愛護。我們得到（或得不到）面對生活的工具，但無法決定會接收到哪些工具。所以成長環境當然會影響成年後的行為。

但我們不能忽視那些男女之間的生理差異，尤其是大腦運作的方式。爭論男人和女人如何理解彼此只是做白工，彷彿另一方只是固執己見。在多數狀況下，男人只是發揮本性。

拿睪固酮這種荷爾蒙當例子吧。男性似乎擁有大量睪固酮，女性則很少，其實男性的睪固酮是女性的六倍。子宮裡的男性胚胎在大約八週時就會泡上「睪固酮浴」，生理上和精神上的男性特徵開始成型。

男孩大約六歲時，睪固酮會在他們和朋友之間分出權勢等級。聽聽他們談話，他們會抬高自己，貶低別人。男孩通常會發展出侵略性和好勝心。如果是進行一對一的體育競賽或比試，高睪固酮很有幫助；低睪固酮則能讓他們有效發揮團隊精神。

我女兒莎拉一直很驚訝五歲么子馬可與兩個姐姐截然不同。她說：「他是徹頭徹尾的男生，打從出生第一天就是。女生的玩法不一樣。他更粗暴，更喜歡動手動腳，更好強，更吵鬧，而且他想贏。他就是對不同的事情感興趣，和兩個女生不一樣。」

這不是環境使然，他打從娘胎落地就是這副德性。睪固酮盡忠職守。

男性隨著年齡增長，大腦化學成分會發生變化。男人年輕時往往比較好勝，成熟之後較有合作精神。男性年齡增長之後，優先事項往往轉向人際互動和社群。

我發現自己年紀漸長，興趣也發生變化。幾年前，我還在努力證明自己，建立事業版圖。我有朋友，但不是我精神清單上的優先事項。現在我比以往更重視朋友。我仍然想成功，也努力改變世界。但我不需要發財或出名；我更想與自己看重的人有真心的互動，尤其是妻子、子女和孫子。

我認識的某些男人年輕時很強硬，但隨著年紀老大，因為同理心而軟化。他們仍舊是男人；只是優先順序有所改變，表達男性特質的方式也不一樣。

✳多加利用兩人之間的差異

如果女人想改變男伴某個令她抓狂的特質，她可能會心灰意冷。正如羅伯特・海萊因[4]所言：「永遠別想教豬唱歌；不但浪費時間，還會惹火豬。[5]」

男人有些特質來自於他們的性別，有些則出自他們的選擇。妳不想發瘋抓狂，關鍵就是理解和辨別兩者的差別。

過程分三步驟：

判定他到底哪個行為令妳感到沮喪。

問問自己，這件事是不是只是因為他是男人（比如他處理資訊的方式）？如果是，不要試圖改變，學著接受事實，然後想想該如何反過來利用。

如果不是，是不是他後天習得的模式、習慣或行為（例如他避免衝突的方式）？這一點就能商量。如果妳指出這是個問題，情況不會改變，改變得透過影響和信任。男人覺得這是一段有意義又令他感到安全的關係，比較願意調整妳看不順眼的行為。

男人的大腦運作絕對真有其事。事實上，這些運作方法正能為你們的關係創造投緣的契機。他對運動比賽和動作片的興趣不表示他對妳或愛情沒興趣，其實愛情就是多數動作片的關鍵。

昨天是復活節主日。牧師開始講道時說：「今天我們要討論愛情故事。轉向身邊的人，告訴他們你最喜歡哪部浪漫電影。」

我知道，身為男人，我應該喜歡動作片和引人入勝的劇情片。我絞盡腦汁，想找一部結合這些要素與愛情故事的電影，大概就是《梅爾吉勃遜之英雄本色》或《北非諜影》之類，主題是粗獷的男主角如何成為心上人的英雄。但我必須老實說，因為妻子已經知道答案：我對《西雅圖夜未眠》向來情有獨鍾。也許不是整部電影都對我的胃口，但我非常喜歡開頭（湯姆．漢克描述他對已故妻子的愛，以及如何溫柔對待他的兒子）和結尾（他在帝國大廈頂樓遇到梅格．萊恩）。

還好牧師說：「男人們，就算你說《鐵達尼號》，依然可以保留『男子身分證』。」

---

4 Robert Heinlein（一九〇七—一九八八），美國科幻小說家，著有《紐伯大夢》等。

5 作者註：〈羅伯特．海萊因（Robert Heinlein）名言錄〉，刊載於World of Quotes網站，二〇一五年十二月十一日查閱，http：//www.worldofquotes.com/author/Robert+Heinlein/1/index.html。

昨天也是我兒子的生日，所以我們晚上看《玩命關頭7》。夠有男人味了吧。知道嗎？主題是男主角想成為心儀女子的英雄。

耐人尋味的是男人雖然喜歡動作、冒險電影，但他們喜歡粗獷、陽剛的男主角在愛人面前變得溫柔。這是電影常見的主旨，也是多數男人共同的主題：我們想成爲妳的英雄。

那是本能，就嵌在男人的大腦裡。

這是瞭解男人的第一步——知道他們大腦正在進行哪些變化與緣由。

第四章 男人只是高大的男孩

要開始瞭解妳重視的男人，有個好方法就是看看他心裡的小男孩。他的基本需求依然存在，而且仍舊需要得到滿足。看到不合理或難以理解的行為和態度，可能就是那些需求得不到滿足。

「媽咪、妳看！爹地，你看！」

孩子還小時，爸媽可能每天都會聽到這句話一百次。孩子學會任何微不足道的小事，都希望父母發現，並做出反應。他們想出如何笨重地翻身：「媽咪，看！」他們第一次吹出泡泡：「爸爸，你看！」他們在鞦韆上爬得更高：「媽咪、爹地，你們看！」

而且不僅是旁觀，他們還要你們參與。孩子在鞦韆上說「推我」，到處探險時會大喊

「跟我來」。「唸給我聽……和我一起坐……我也可以一起去嗎？」他們正在探索生命，希望分享每一刻，希望父母在身邊加油打氣。他們想要父母共同慶祝他們的成果，為他們的每次嘗試加油，鼓勵他們進步，分享他們的喜悅。

他們希望被瞭解。他們希望被愛。他們希望得到尊重。

我的孩子已經長大，但一切都沒變。雖然他們的需求看起來不太相同，而且表現得比較世故，其實他們仍然渴望得到認可和贊同。

他們很重視我們看重他們。

妳生命中那個男人？妳猜怎麼著？都一樣。他希望得到瞭解，得到愛，得到尊重……而且是來自於妳。他也許在職場和日常生活得到許多人的賞識，但都不如妳的讚美重要。

✷需求的誕生

每個人天生就有受到重視的需求——知道有人將我們放在心上。如果孩子在健康、充滿愛的環境中長大，他們會知道：「我很高興你在這裡。你有價值，只是因為你是你。」如果他們在惡劣的環境長大，他們得到的訊息是：「你不重要。」

男孩還小時，這些需求真切存在，如果沒得到滿足，滿足這些需求的衝動並不會消失，他們會另尋他法。有時這些方法可能有害，但只要有效，他們就會繼續堅持。因為他們只懂得這些方法，總好過需求得不到滿足。

這就像女人不肯離開暴力男友。人人都知道那段戀情危險又有害，而且逐步摧毀她的自我價值感。「妳需要擺脫這種關係，」人們告訴她。但她害怕只要一走，再也沒有人要她。所以她繼續留在有害的環境，因為她害怕改變（或害怕另一個選擇也不會更好）。

男人從美好的童年經歷中找到價值，如果他有不好的經驗，就會覺得自己沒有價值。無論如何，這就是他的人生。他只知道這種方法，而且很小就銘刻在他的腦海。因為本能使然，他終其一生都在尋求價值。

傑瑞就是這種男孩。他的父親不知道如何與兒子建立真正的關係，兩人以運動為活動主軸，父親擔任他學校球隊的教練。他們記住心儀球員的統計資料，一起去看比賽。在家聊天話題也是當天的比賽數據，體育頻道隨時都開著。

長大的傑瑞希望與父親建立更深厚的關係，但父親不知道該怎麼做。他們可以討論體育，但傑瑞渴望父親問起他的家庭、人生，或他的其他興趣。他想知道，父親關心他這個人。他試著主動聯繫父親，買禮物送他或邀他一起看球賽。他希望父親告訴他，他以兒子為榮。然而無論傑瑞做什麼，情況都沒有太大的改變。

這不是單一個案。成年男子和小時候一樣，都有基本需求。如果父母在他們成長過程中沒滿足這些需求，他們長大就想得到滿足。往往父母去世，兒子始終沒得到他所尋求的認可，這就會影響他餘生的選擇。

✷研究他心裡的孩子

從大腦的角度看來，男人很單純。觀察男孩腦裡想什麼，也許就能瞭解他成年之後的想法。他的方法越來越複雜，但始終保有基本需求。

聽說觀察六歲孩子的基本性格，大概就能準確預料他們成年後的模樣。（如果你有六歲的孩子，大概已經開始恐慌。）他們長到六歲時，已經弄清楚人們如何看待他們，如何決定他們有多少價值，也發展出他們面對人生的基本工具。他們已經決定是否可以信任其他人，察覺對方是否有誠信，並觀察成人哪些行為無往不利。他們已經確定自己的實際狀況，也決定如何面對人生。

如果以上說法為真，我們也許可以反推回去。仔細研究成年男子——探索他的動機、氣質、他與人互動的方式，以及他在人際關係中的信任程度——也許可以清楚勾勒出他六歲的模樣。事實上，如果和認識他幼時的長輩聊天，應該很有意思。妳很可能會在妳的男人身上認出那個男孩。

我有三個孫子，分別是五歲、八歲和十一歲。觀察他們，看著他們長大成人很有趣。我不知道他們會成為什麼樣的大人，我發現自己揣測他們的未來，想像他們帶著現在的脾氣長大。我猜，即使他們成人，我仍然會認出他們兒時的脾性。

就某種意義而言，男人只是長高的男孩。不過這不表示改變無望。任何人都可以改變，只要他們有內在動機和其他人的支持。不過改變很困難，也不保證改得成。我們要改變自己的人生就很難，其他人要改也同樣不容易。

要開始瞭解妳重視的男人，有個好方法就是看看他心裡的小男孩。他的基本需求依然存在，而且仍舊需要得到滿足。看到不合理或難以理解的行為和態度，可能就是那些需求得不到滿足。

為什麼男人不改變

我的岳父母住在加州貝克斯菲爾德，在九十分鐘車程之外的山裡蓋了一個小屋。要到達木屋，必須開車穿過陡峭、蜿蜒的峽谷。底部的克恩河床上都是和屋子一樣大的巨岩，河流湍急。那條河的多數河道都不適合游泳、甚至泛舟都太危險，有些人卻依然不死心。其實峽谷入口處就有標示，上面的數字隨時可更動，寫著「三百五十一人在這條河裡喪生」，試圖阻止人們下水。我們每年看著數字攀升。這條河流就是因為危險，才如此壯觀。

這條河在幾千年前本來是涓涓細流，漸漸在河床鑿出溝渠，先是成為溪岸，後來成為河岸，最後成了峽谷。雖然是同一條河，但只要時間足夠，影響就會日益加深。

聽起來像不像妳的男人？他有趣、迷人，有時妳卻覺得捲入這段感情的激流。這就像河流沖刷的陡峭峽谷，他兒時的選擇刻劃他長大後的雛型。他成年後的行為不是突如其來，很久以前就其來有自，塑造出他現在的模樣。每當男人重複某種行為，峽谷就更陡峻。妳和男人建立一段關係，便會經歷他過去的一切。男人年紀越大，那些模式越根深蒂固。

那些行為模式不僅是他養成的習慣，還是他的作業系統。多年來，它們已經成為他面對人生的方式。那些模式從何而來？有兩個主要來源，後天環境和先天遺傳。

後天環境是極大的影響，尤其是出現在男孩成長過程的人。例如男孩仰望父母滿足他的需求並且學習面對人生。家長的存在或缺席塑造了那個男孩的信念、態度和如何面對人生的選擇，決定江河還是涓涓細流時的最初路徑。但是，溝槽一旦開鑿，河川的走向就底定。

手足、親戚、鄰居和朋友也是後天環境的一環。男孩不會明白他正看著那些人，但他透過觀察他們學習面對人生。他成為男人可沒經過正式培訓或入會儀式。

他想知道自己應該如何過日子，因此尋找可以觀察、模仿的榜樣。如果從父母身上找不到好榜樣，他會從體育人物、成功名人或年長的大哥哥身上學習這些技能。有時他甚至投入高風險活動，得到成就感和價值感，或是不承認心裡的情緒，直接忽略這種需求。

男人可以改變他從兒時環境得來的習性，但並不容易，就像河川很難改道。我們可以站在峽谷頂端，挖開新河道，但要說服河川嘗試新事物很困難。同理可證，理解哪些因素打造妳的男人成為現在的模樣，比試圖改變他的方向容易多了。

第二個因素是先天遺傳。決定他陽剛氣息的荷爾蒙是先天遺傳，他天生的特質決定他是男性而非女性，想要改變這些特質，就像試圖把橡樹變成橙樹。也許我們喜歡橡樹提供的陰涼樹蔭，卻厭倦掃樹葉。然而希望橡樹結果實，更是白費工夫。上課學習把橡樹葉做成肥料，才是避免情緒沮喪的好方法。

垂直關係

先前談到男人大腦的生理結構時，我們知道女性大腦比男性有更多連結不同部分的結締組織。男人有更多「灰質」，所以他們擅長把思維分門別類，女人則易於建立聯想。

交往互動時，女性比較容易橫向思考。互動靠的是情感交流，她們專注於不同人之間的關係動態。小女生玩在一起時，經常玩「家家酒」或「上課」，每個人在故事中扮演特定角色。一個演媽媽或老師，負責分配角色給其他人。她們的談話就以團體的動態為主軸，確保每個人都開心、有參與感。

然而男人比較容易垂直地看待關係。把男人放進團體中，他會下意識地研究他的地位排名。男生玩在一起時，可以看到他們彼此競爭、「我可以做得更好」，看到他們爭著發號施令。他們不斷爭奪地位，較量能力、智力或權勢。因為他們經驗不足，所以常拿身邊的人互相比較，吹噓「我爸爸可以打敗你爸爸」。

這種好勝的特質不是性格缺陷，而是他的大腦結構。因為他天性追求成功，希望多數情況下都能成為佼佼者。也是因為這種衝勁，他才會用盡精神、資源，追求他最在乎的女人。

男人想爭第一，所以做事才不尋求援助。他們不問路，因為這等於承認他們無法獨力找到位置。（當然，多虧現代科技，他們可以自己找路。）

我的朋友艾爾是經驗豐富的木工，他住在我家半哩外，幾乎擁有各種想像得到的工具。「你需要工具時，千萬別買，」他告訴我。「如果你要用，我可能都有，借我的就行了。」

他說這話的時候，我太太就在旁邊，也記住了。後來每隔幾個月，我在家施工，卻沒有我需要的工具。在我看來，解決辦法顯然就是直接採購，反正以後也能派上用場。

黛安卻說，「艾爾會有嗎？你為什麼不向他借？」我知道她說得對，但我總覺得不高興。我沒有好藉口不向艾爾求助，但如果我不買工具，將來可能會再次用到——到時我不得不再次拜託艾爾。

有幾次我去他家車庫，我們用他的工具和專業知識一起動手做，而且做得很開心。然而我若需要再做一次，就會發現自己想另闢蹊徑。有時我為自己不願意求助感到內疚和自豪。妻子無法理解我有需要時為何不打電話，這不是比較合理嗎？

那是因為她透過她的水平視角觀察我的垂直視角。

這不表示我不該找人幫忙。但首先要明白男人就是垂直思考。我會求援，但這不是我的第一本能。可以靠自己的本事是我的基本願望，所以才會有那些行為。

雖然這句話是陳腔濫調，但描述得恰如其分：男人才懂啦。

求勝的動力

剛開始研究男人大腦的好勝心時，我並不相信。我在學校從未參加任何運動，是因為孩子才對體育產生興趣。女婿喜歡冰上曲棍球，還有冰上曲棍球聯盟本地球隊的季票，更把這種病傳給所有家人。就連他最小的兒子，五歲的馬可，也會坐在沙發上和我一起看比賽，全程對球員、數據和排名高談闊論。

我以為這個特徵不適用於我，我告訴自己，我沒那麼好勝。後來越來越覺得，我好強的事情只是不太一樣，雖然不明顯，但同樣真實。

被困在車陣時，我發現自己會掃描其他車道，看看是否有辦法超車。如果我排在隊伍後方而不是前面，我就覺得不安。

公司有個客戶滿意度的排名系統。我好幾次拿下全國第一，感覺很痛快。今年卻滑到第二名。冠軍是我的好朋友，他也當之無愧。但我發現自己想「提高表現」，明年重新奪回寶座。

我的書在亞馬遜排名高，我就有自信。排到低位，我就覺得痛苦。我有幾位朋友也寫書，我曾經暗自發誓絕對不查他們作品的排名。否則就會擾亂我的心情，因為根據這些排名，我對自己（和他們）就會有不同看法。

我發現不只有我這樣。男人下意識觀察他們關係的排名，就像研究自己喜歡的球隊。關係很重要，但在男性心中，世人眼中的身分和地位更要緊。

✳引導那頭野獸

這種垂直視角也說明先前的討論——男人為何多半喜歡動作片而非浪漫愛情片。動作片主題是征服另一方或某種狀況。愛情片的主旨是人心交流，符合多數女性的水平視角。但這不表示男人不關心愛情，只是有不同的看待方式。我們夫妻選擇電影時，她的第一選擇通常不是我的上選。但是愛情電影一開演，我也可以觀賞。我看得很開心，但我看動作片又是另一種心情。

如果女人花時間和她的男人一起看動作片，可能會發現，片中通常有某種愛情故事吸引男性觀眾。為什麼男主角要不遺餘力殺出重圍？是為了得到他女人的芳心。

所以這不是二選一。女人越瞭解男性思維的運作方式，越明白他為何做出那種選擇。不是因為他是混帳，只因為他是男人。

他從小就是這樣，而且始終沒變。現在，他只是長得比較高。

第五章
身負重任的男人

男人想在職場、家裡、對親友發揮影響力。他想成為身邊親友的英雄，幫助他真正看重的人。這就包括妳——尤其是妳。

二〇〇九年一月十五日，美國航空公司的一五四九號航班撞上一群鳥，最後降落在哈德遜河。在市民心中，這是了不起、幾近奇蹟的成就。商用客機應該降落在跑道上，而不是河上。但是這次情況不同。每個乘客都能逃過死劫，要歸功於某個人的本事。

事件之前，切斯利．薩倫柏格（Chesley Sullenberger）被稱為機長。事件發生後，他有了新封號：英雄。這不是他追求的名號，他常對媒體輕描淡寫地說：「我只是盡本分，我受訓就是要做這件事。」這種謙遜的說法為他的新綽號又添了一個形容詞：謙虛的英雄。

這個稱呼不假，他也當之無愧。他冷靜面對緊急狀況挽救一百五十五人的性命。全世界都關注、欽佩和感激。媒體為渴望真正英雄的千百萬人找到新焦點。

但是，世界各地男人的心中卻產生另一種想法。他們的確感激「薩倫機長」的表現，也以他為榮。他們驚訝機長在壓力下的冷靜反應和準確行動，成功降落也讓他們感動。但他們內心深處想著，真希望由我來降落。

也許這還不算有意識的想法，但絕對有這個念頭。這是每個男人心裡的欲望——想要發揮影響力的欲望。這不是後天習得的反應，而是男人都有的特徵。男人想在壓力下表現出色，做出正確的選擇，解決艱難的問題。他們想拯救世界。

這也是動作電影吸引男人的另一個原因。我們最喜歡的故事就是人們受到壓迫，而且毫無機會擺脫絕境。接著英雄從社會底層崛起，這個人通常只是普通人，他有激情，有信念，深深覺得社會不公不義。他試圖提出其他選擇，人們卻從各個層面阻止他。

最後，他發現要改變世界，自己就得走出舒適圈，挺身而出。他願意冒險，利用自己的優勢和智慧，帶領人們取得勝利。

他征服。他得勝。他做出改變。最後，他得到所有人的敬佩，成為英雄。男人觀賞這類電影時，也間接體驗這些角色。他們說，「我想成為那個人。」

男人天生有征服欲，碰到挑戰就想解決。如果問題無法克服，他們想找到破口。有人說，「不可能！」他們心想，是嗎？看我的。

✷但我的男人不一樣！

妳可能心想，我不知道我信不信。我認識的男人並不打算改變世界。他們打電玩、看球賽或修車，一次可以做上好幾個小時。我在他們身上沒看到太多的征服精神。

其實有。看看他打的遊戲；主題通常是堅毅的角色在戰爭中以卵擊石。看體育比賽？無論是足球或飛盤，他都想成為那個投出致勝妙傳的人。修車往往牽涉到他捉摸不透的問題，除非他解決問題，否則就會垂頭喪氣。一旦修好，那種滿足感超出妳的想像。

這是我的簡易觀察心得：男人想有所作為。他們看到世界各地的薩倫機長，看到有人衝進失火大樓拉出倖存者、有人趕到車禍現場營救被困乘客，或是搶下銀行搶匪手中的槍。他們想成為那種英雄。

不過問題來了。在這些案例中，沒有人計畫當英雄；事情就是發生了。薩倫機長並不是一覺醒來就說：「不知道今天飛機引擎會不會失去動力，我得在河上降落，還要拯救一群人。」沒有人知道大樓會被燒毀；事情就是發生了，英雄剛好在附近，並且即時反應。有事故發生，有人需要幫助，英雄剛好在旁邊車上。沒有人刻意去找哪裡有銀行搶案，只是恰巧碰上，並且做出選擇。

他們往往碰巧成為英雄。

多數男人相信，如果自己遇上同樣狀況，也會做出英雄般的抉擇。至少，他們希望如此。但他們也知道，碰上事件的機率極小。儘管想當英雄，他們卻沒有機會。

所以他們怎麼做呢？他們尋找更小、更可預測的情況，他們就能成為征服者。可能是一場電玩、一個壞掉的水龍頭，或他們極想拉攏卻又做不到生意的顧客。可能是一場高爾夫比賽、一次車陣，或一塊需要烤得完美無缺的牛排。這些情況可能是生活中需要解決的任何問題，一旦男人找到解決方案，他們就能成為迷你英雄，在那一刻得到滿足。

英雄是如何成長的

凱文．李曼的《出生順序書》描述老大與老么的特徵。他對父母清楚解釋，為何老大非得把東西照順序排好、老么為何開派對[6]。

6 作者註：《出生順序書》（The Birth Order Book），作者為凱文．李曼（Kevin Leman），二〇〇九年由大急流城的Revell出版社發行。

然而性別不同也有影響。我們之前談過小女孩如何一起玩耍，她們的交流如何以關係互動為主軸。她們專注於團體發生的事，她們虛構的故事都是關於人與人之間的關係。你會聽到她們聊起公主、個性和各種規勸。如果發生衝突，她們會提到情緒、態度以及關係中的各種變化。

小男孩天生的好勝心有不同的呈現方法。觀察他們嬉戲，他們的話不多，也不會分享他們的憂慮。他們咕咕噥噥，發出卡車的聲音或模仿兇猛的恐龍。他們的「對話」是比誰的卡車大、哪隻恐龍更強壯。他們不是輪流玩，而是把對方的賽車逼出賽道。

我的大孫女艾薇莉八歲時參加壘球隊。我們盡可能去看球賽，也很愛看她上場打球。她有個很棒的教練是球隊的忠實粉絲，所以我們去看球又更開心。

球隊上場時，她們專心打球。但是她們等候時，鐵絲網裡的球員休息區就是吱吱喳喳的談話聲。一群小女生對比賽視而不見，因為她們正忙著談論女孩們熱中的話題。她們談話表情生動，專心聽彼此說話。教練叫她們上場時，其他人就爭先恐後地幫忙找頭盔或球棒。

某天艾薇莉的球賽隔壁就是男生的比賽。我在球賽空檔過去瞧瞧，那番光景又截然不同。沒有男生站在球員休息區，也沒有人聚在一起交談。他們坐在板凳上，似乎正在看比賽，等待上場打球。男生沒怎麼交談。多數情況下，他們都在吐口水。他們沒上場比賽時，也較量誰吐得最遠。

也許這種情況也會發生，但我從未見過女生比賽吐口水。如果我請五歲的馬可秀出肌肉，他立刻要我也做同樣的動作，就能和我一較長短。而且從他的角度看來，他可以解釋他的肌肉為何比我大。如果請五歲的孫女展示肌肉，她們會繃緊給我看。

打敗其他人的欲望在男孩腦中根深蒂固，他們必須想辦法展示天性，所以男孩找身邊的榜樣學習。如果父親不在身邊（或者爸爸是毒親），他們就會在電視、電影、運動或同儕之間找尋對象。等他們長到十幾歲，他們仍舊試圖根據觀察，判定如何滿足這種欲望。

所以十幾歲的少年往往讓人覺得傲慢或粗魯。因為他們與別人是垂直關係，他們想在多數關係中都把自己定位為征服者，並且在自己與他人的位階高低中找到自我。他們不是自大，只是缺乏經驗，不知道如何以適切方式表現好勝心。

馬可終究會長大。如果他三十多歲還和朋友比賽誰的口水吐得遠，我也不驚訝。事實上，如果他找自己五歲的兒子比個高下，也在我意料之中。

好吧，我承認：如果他在我九十多歲時下戰帖，我會盡我所能打敗他。

✺他最大的恐懼

大家可能以為硬漢無所畏懼。事實上，這往往也是對這種人的描述。如果某人是堅忍不拔的英雄，表示他天不怕地不怕。其實他的心裡有種恐懼驅使他追求成功，那就是害怕失敗——害怕無法有所作為。

這種恐懼真切存在。電影英雄的神祕感有一部分來自他的脆弱。他露出凡人的那一面，我們也因此受到吸引。他依然是那個想闖出一片天的小男孩。

現實生活的男人多半沒機會成為晚間新聞的行動英雄，但他們依舊想有所作為。所以可能採取以下兩種方法：

1. 他們變得被動，認為自己無能為力。因此不是以例行工作壓抑這種願望，就是憤怒地發洩。

2. 他們變得超級積極，決心改變日常生活。

第一類可能覺得輕微沮喪，因為他們覺得自己無能為力。假設大樓沒著火，他們也救不了人，索性放棄，用無意義的娛樂和活動填滿生活，減輕痛苦，忽略暗潮洶湧的渴望。他們依舊保有這種動力，只是隱而不宣。

第二類瞭解生活現狀。他們想有所作為，而且不等機會上門。他們利用這種衝勁尋找機會，影響他人的生活。

這就是成就和奉獻的區別。第一類的心態是：「看啊！看看我能做什麼！」這是男孩的看法，他們還沒學會如何運用這種想當英雄的衝勁，只在乎別人對他們的看法。第二類想克服困難，才能幫助有需要的人。他們重視改變他人的生活。

真英雄是助人完成他們做不到的事情。多數男人寧可正面影響他人的生活，也不肯出名。他們可能不是公眾眼中領導大規模戰略或活動的人，但仍舊希望影響能力範圍所及的人。

這是什麼意思呢？

男人想在職場、家裡、對親友發揮影響力。他想成為身邊親友的英雄，幫助他真正看重的人。

這就包括妳——尤其是妳。

✺為什麼妳對他這麼重要

動作片的英雄為了心上人在所不惜。妳的男人可能在職場和社會上有莫大成就。可是他若不覺得自己是妳的英雄，一切都白搭。

幾年來，我們夫妻負責輔導教會的年輕夫婦。我們扮演人生導師，除了平常單獨輔導他們，每週日也和相偕報到的夫妻商談。

我常在週日課程中教課，也很開心。有時，我覺得自己溝通得宜，辯才無礙，大家也從善如流。有時我覺得自己像在流沙中狂奔，因為我不確定自己胡謅了什麼。

如同多數男人，每次聚會之後，我都會嚴厲批評自己。接下來那天，我會質疑自己是否瞭解小組的需求。如果我覺得很自在，成員說我的建議很珍貴，我就開心。如果我說得毫無章法，沒聽到任何回饋，我就覺得心情惡劣。

我從沒問過與會者的看法。我認為，如果很精采，他們就會說些什麼。如果沒人來找我，我就認定課程不成功。

無論別人怎麼說，我最想得到妻子的肯定。她的想法比其他人更重要。如果她說我做得好，我就覺得心滿意足。即使她說我的看法雜亂無章也沒關係，我只需要知道她相信我，而且站在我這邊。

開車回家的路上，我等著黛安發表意見。她偶爾會說，「你今天講得真好。」這時我就站在世界的頂端。

但她多半什麼都不說。我不想問，否則就像我一直等她讚美。我認定她有正面看法，一定會告訴我，所以她的沉默就代表不贊同。我通常判定自己的說話內容不太有意思，然後試著不放在心上，暗自發誓下次做得更好。

我終於向她提起我沒聽到她的反饋時，心裡有何感受，她很驚訝。「我以為你知道自己講得很好，所以我不必多說。我稱讚你的時候，通常是因為某些話講到我心坎裡。」

從此以後，我們學會彼此的溝通要更開誠佈公。但我逐漸意識到，她的意見比任何人的看法更有意義。我很高興能聽到別人的正面評價，但由她說出來更是意義非凡。這就表示她說我有所作為，這就表示她說我是她的英雄。

男人是想要成功的男孩，天性就想有所作為。除此之外，他們希望知道自己對妳有所貢獻。

✳他能成為英雄嗎？

我們看一下事實：

- 男人有英雄救美的內在動機。
- 多數男人沒有機會成為拯救世界的超級英雄。
- 他們知道，但這種欲望並未消失。所以他們試圖找到可以征服的領域，才能在某方面成為英雄。

男人追求當英雄的願望並非毫無可能。

先前提過男人很愛動作片。仔細看，妳可能會注意到多數動作片不只有武打。情節通常牽涉到英雄看重的女人，他之所以拚命打敗敵人，就是為了贏得佳人芳心。

男人可以整天打電玩，努力通過更難的關卡。就某種程度而言，這滿足了他的征服欲。在那個虛擬世界裡，他有所作為，但他知道自己在現實世界並未產生影響。如果他在現實世界有表現，可能就不覺得有必要常打電玩了。

開始真正有所作為的男人都想得到成就感，這可能成為驅動力。但有一個焦點比其他事情更能鼓勵他，就是對他最愛的女人有貢獻。

換句話說，他不僅想成為英雄；他想成為妳的英雄。

那又是什麼景況呢？

俗話說，「男人的家就是他的城堡。」一般而言，我們想像國王出外打敗敵人，然後回家和家人過日子。他是英雄，每個人都得把他當成英雄。其實他想在沙場上戰勝，回家與他最關心的人互動往來。

真正的英雄想出去征服敵人，對他人有所貢獻。然後就想回家，向妳展示他的成果。他不要妳的假意奉承；他需要女人認可他的戰績——無論是財務、身體、公司、關係等領域。

他想征服世界，但仍然要趕回家吃晚餐。聽起來可能有點自私，卻千真萬確。妳無法改變這一點，但如果妳明白，就能多加利用。道理挺簡單。

多數男人鋪床不是為了房間整齊美觀，是因為這是當英雄的一種方式，滿足女人的需求。只要表達簡單的感激之情，他就會覺得受到尊重，更願意經常鋪床。如果因為枕頭擺歪了而批評他，他只會心灰意冷。

男人透過妳的眼睛看到自己。妳不能強迫他非得怎麼做。如果妳帶著尊敬的眼神看他，他就會當自己是妳的英雄。如果他相信，這就滿足他希望從妳身上得到的基本尊重需求。日積月累下來，他更願意離開沙發，為妳效勞。

男人天性希望有作為。

他們想對妳有所貢獻。

Part 3

他的行為舉止

How He Acts

紐約中央公園沒有好名聲。我早有耳聞，也在電視、電影中看過。那裡是犯罪劇和恐怖片的險惡場景。全國新聞節目報導過當地發生的凶殺案和襲擊事件，我一直以為走過那裡，就有生命危險。

本週初，我去紐約演講，就住在離中央公園三條街之外。某天傍晚，我決定去公園跑步。我上網查詢人們對安全問題的看法，多數人說公園有些地方的確有疑慮，但多半是夜間，而且遠離主要道路。

所以我有點緊張，儘管外面天還亮著。我小心翼翼跑進公園，環顧四周，確保我不會惹禍上身。

這時我才意識到公園不只我一人。我大概看到五百個跑者、馬車載著遊客觀光，幾百人在起伏的綠色小丘和岩層上散步、嬉戲。那光景不可思議又教我驚嘆連連，那次經歷讓我難以忘懷。

只因為我接受偏頗的觀點，差點就少了這個體驗。

女人和男人交往時也一樣。媒體對男人的刻板描述有許多都不完整、不真實；「男人沒有感情」或「男人不聽人說話」就是許多人信以為真的兩個概述。

這種觀點導致女性無法體驗到男人的精髓。我們必須揭穿這些刻板印象，提出質疑。我們會發現哪些觀念正確無誤，哪些只是都市傳說。我們會知道男人為何那麼做，背後又有什麼涵義。

第六章

為什麼他看不到污垢

這不是誰對誰錯的問題，否則這種討論一開始就註定失敗。問題在於認識和重視彼此之間的真正差異。

男人會做惹火女人的事情。

妳可能很驚訝，但這是事實。令妳火大的事情通常發生在兩人交往一陣子之後，而不是剛開始。

戀愛初期，妳受美好的事物吸引。令人惱火的事情早就存在，只是妳沒注意到。因為這個男人的魅力、機智、外表和幽默感迷住妳，這就是所謂的「愛情是盲目的」。惱人的事情要等一段時日之後才會出現。

他第一次在公共場合打飽嗝，引起妳的側目。妳以為純屬意外，因為妳知道他不可能故意，不過他沒說「對不起」，倒是有點奇怪。幾個月後，他和朋友比賽打嗝獲勝，妳開始覺得一輩子單身也不賴。

我最近問女同事，男人哪些行為最讓她們火大，她們答得可快了。

「我問他的意見，他只說，『無所謂。』」

「他在沙發上看電視看到睡著，但我一換頻道，他就醒來，說：『嘿！我正在看！』」

「我剛打掃完廚房，他就進來弄得一團亂。」

「我們出去時，他老喜歡把他的東西放在我的皮包裡，他就不必自己拿。」

「他不會注意到我剪新髮型，即使發現也不會讚美我，只說：『妳換髮型了。』」

「我們出去吃飯，他卻忙著滑手機。」

「他不把馬桶坐墊放下來。難道他不知道這對半夜起床的女人是什麼意思？」

「他想帶我出去，卻要我計畫。」

「他看不到污垢。」

我們看看最後一句。男人真的看不到污垢嗎？我到處查，想找這方面的研究。除了描述這個現象的部落格文章和幽默小品，我找不到任何文獻。

我覺得有個不同的問題：女性看到「污垢」時，到底看到什麼？男人認為污垢是地毯上的一坨泥巴，檯面上的黑色污漬，或者噴到衣服上的義大利麵醬。這些髒污很明顯，如果比這些不易察覺，都不符合他們對「污垢」的標準。

女人說「廚房很髒」時，可能是很久沒有人擦洗廚房了。這句話往往反映：因為餐點是在廚房裡料理，如果流理臺沒用滅菌的清潔劑擦拭，感覺就不衛生。與其說這是明顯的污垢，應該說是需要清除的薄薄灰塵。

男人走進女人口中骯髒的廚房，心想問題出在哪裡。他沒看到成團的泥巴、黑色的污漬或一灘義大利麵醬。如果她要求他打掃廚房，他不知道從何著手，又該做什麼，或如何知道已經清理乾淨。

幾年前，我們夫妻討論家務問題。因為我在家辦公，只要沒出差或主持研討會，我都在家。黛安是自由業，但會出門見客戶，所以我們白天都會進進出出。一般由我負責維修，她負責清潔。我們都會修剪草坪、澆花和做其他雜事，如果我們洗自己的車，通常也會幫忙洗對方的車。

對於日常家事，我們說好由我每週負責刷洗廁所，清潔客房浴室一次，吸塵兩次，並在收垃圾的前一天倒垃圾。我不太介意做這些家事，因為我覺得擦洗很痛快。而且我做完這些事情，黛安就會覺得我做了許多家務。

我開始打掃之後，發現黛安和我對「乾淨」有不同定義。她不想幫我善後，否則就表示我做得不好，我確實希望她滿意我的表現（我想成為英雄）。所以我請她示範她打掃乾淨的模樣。

我一步一步看著她清潔我們的客房浴室。就我看來，她清潔的都是不髒的東西。她擦了沒有斑點的鏡子、抹過沒有明顯雜質的檯面，拖了沒有任何污垢的地板。她做完之後，我覺得和她打掃之前一模一樣。

今天，我按照她看重的方式清潔浴室。我沒看到污垢，但我不在乎。因為她覺得很重要，所以出自對她的尊重，我按她的方式打掃。

吸地也一樣。我知道地上有灰塵，但我看不到。我猜測那應該是灰塵，不是污垢。但黛安知道地上髒，而且如果房子要保持乾淨，就要清掉。我用吸塵器不是為了清除灰塵，是為了在地毯上劃出對稱的線條，看起來就乾淨。我常想，拿棍子畫，也有同樣效果。

經過幾個月的吸塵，黛安認為該清潔地毯。我同樣沒看到任何污垢，但她深信，孫子在地毯上嬉戲會染上終生疾病。所以我租了自助式的地毯清洗機，按照說明，放入熱肥皂水，在地毯上來回拖過幾遍，才清空儲水箱。

拖完之後，水變成黑色。不是淺灰色，不是中灰色，就是黑色。我才知道黛安說得對。我看不到污垢，但不代表它不存在。我不知道她是否真能看見，但她察覺了。男人就沒有這個本事。

我可以舉出許多男人惹火女人的事情，但他們通常不是故意。女人因為男人看不到污垢而沮喪，男人則因為看不見女人看到的污垢而喪氣。這只是再次證明，男人和女人看待事情的角度不同。

這不是誰對誰錯的問題，否則這種討論一開始就註定失敗。問題在於認識和重視彼此之間的真正差異。

✹男人頭腦簡單

因為大腦運作方式使然，男人不太複雜。女性的大腦易於聯結所有事物，男性一次只能關注一件事。男人做出令人火大的事情時，不是想惹惱妳，只是發揮男性本色。

案例：我最近穿長褲坐到油膩的東西上，留下小污漬，位置接近後面的內側接縫。因為洗不掉，黛安要我扔掉。

她的考量是我在專業場合，站在一群人面前，褲子卻有一塊污漬。我認為這不成問題，因為污漬的位置根本沒人看得到。聽了她的理由，我也闡述自己的觀點，這對我們的討論很有幫助。我留下長褲，她也放心，因為我們充分討論過。我知道她依然看不順眼，只是認定沒必要為了這件事情和我爭論。

況且沒人看到這個污漬。我認為沒有。

黛安和我沒有因此認為對方有病而感到沮喪，而是學會聆聽彼此的看法，這已經成為我們夫妻相處的關鍵。有時，我們一方會聽從另一方，因為這場「戰役」不重要。有時，我們就接受彼此的差異——不是因為我們理解，而是因為我們領會彼此不一樣，我們更關心夫妻感情，而不是誰對誰錯。

我最愛的黑色套頭毛衣腋下破了大洞時，她要我扔掉。「你說話會不斷舉起手臂，所以很明顯，」她說。「你不能穿這件。」我的第一個反應是：「我會在裡面穿黑色T恤，沒有人看得出來。」我是認真的，她也是。

她的觀點比我的合理，因此我讓步。所以啊，若非必要，不要隨便起衝突。

✷反之亦然

男人對女人也有類似的疑問，只是往往沒想過要問。

- 他們想知道妳怎麼能看見他們看不到的污垢。
- 他們想知道為什麼妳每天早上都要鋪床，畢竟晚上又要上床。

- 妳問他們，「我這樣看起來很胖嗎？」他們不知道該說什麼。
- 他們想知道，為什麼外出用餐，女人就要集體上洗手間。
- 他們想知道，為什麼有時妳的描述比實際情況還長。

以下是污垢問題反面的常見例子。男人想知道，爲什麼女人看不出比賽轉播的重要性？許多女性都喜歡體育，但這種愛好在男性中更普遍。男人喜歡體育的原因，多半是因為比賽符合他們征服和獲勝的需求。他們不會花時間分析這種需求；他們只是開心觀賞，覺得自己喜歡看。

所以他們看比賽時，不太注意其他事情。他們的男性大腦選擇關注那件事情，在那段時間對其他事情都會視若無睹。女人在比賽途中問男人問題，他可能聽不到。他的大腦專注於比賽過程，這個問題就像外面傳來的熟悉聲音。他沒聽進去。女人覺得沮喪，因為男人對賽事比對她有興趣，所以她看到他看體育節目就氣餒。但他很困惑，因為他不知道自己做錯什麼。

✷處理彼此的差異

這又回到基本問題：這不是誰對誰錯，只要體認男女不一樣。男人的行為讓女人感到沮喪時，她的反應通常就是以下三種：

1. 試圖改變他。
2. 放進心裡不說。
3. 直接找他討論。

且讓我們逐一探討。

1 試圖改變他

這個反應可能最沒有效果，只會為這段關係埋下更多衝突。因為這種反應的前提是這個男人的行為有錯，而不是不一樣，而且需要調整。

我寫《不給人們鑰匙，他們就不會讓你抓狂》時，讀了許多相關文章和書籍[7]。有許多人長篇大論討論人們行為背後的原因，以及處理人際關係挫折的不同方法。但歸根究底都回

7 作者註：《People Can't Drive You Crazy If You Don't Give Them the Keys》，二〇一二年由大急流城的Revell出版社發行。

到一個問題：我可以改變另一個人嗎？

答案很簡單，而且在多數情況下都適用：沒辦法。

想一想改變自己有多難。我們決心減肥，但看到巧克力餅乾就放棄。我們本來答應自己要改善態度，又受到別人的惡劣態度影響。我們決定多讀書，卻沒辦法關掉電視。儘管立意良善，但這些習慣和生活模式已經行之有年。即使我們有強大的願望，改變自己通常就像打一場無望的仗。

不單單只有我們。除了少數例外，每個人幾乎都和五年前無異。如果我們不能改變自己，自以為能改變別人有多麼徒勞無功？事實上，就想想別人試圖改變我們，我們自己又有何感覺。我們大半會抗拒，因為那彷彿是說我們不夠好，除非我們改變，否則他們對我們不滿意。

雙方接受對方原本的面貌，包括彼此的差異，才建立起真正的關係，兩人也才能在這段關係中感到安全。唯有感到安全，他們才有動力改變。因為他們知道，無論是否改變，對方依然接受他們。他們的價值在於他們的本色，而不是他們所沒有的特質。

這不表示妳必須原諒男人的不良行為，只是要分辨行為和本性，瞭解這些行為是出自男性大腦或他有意識的選擇。如果是男人天性，這就是他的本色，妳想加以改變就會覺得挫折。如果出自他的選擇，妳依舊無法逼他改，但可以影響他。

2 放進心裡不說

這種反應比無效更慘，還有害。這種行為會從輕度惱人開始，日積月累下來，會變成積怨。不處理，永遠無法「熬過去」。問題放在心裡惡化、潰爛，最後我們對男方的態度越來越消極。我們想裝得若無其事，情緒卻在心裡不斷累積。

一旦碰上危機，就會全部一次爆發。我們覺得痛快多了，其他人卻心想，「發生什麼事情？」還得收拾殘局。

這就像搖汽水。罐子裡的壓力越來越大，但沒有人看得見。罐子把所有壓力都封住，但是一拉開瓶蓋，汽水就噴得到處都是。

我們都碰過強烈情緒（如憤怒）積聚幾天甚至幾週的狀況。我們不告訴任何人，那種心情越來越強烈。如果有機會對話，談話間往往稍微穿插冷嘲熱諷，暗示這些話語背後的緊繃張力。如果我們願意交心對談，就能釋放壓力。只要和對方說起我們的感受，往往就足以釋放那件事對我們的影響。

有人說，「缺乏事實時，我們多半會捏造資料，證明我們的想法。」這個說法適用於男女關係。伴侶的某些行為讓妳感到沮喪，妳卻避而不談。妳透過女性的角度解釋他的動機，其實他的動機可能截然不同。他不想毀掉妳的人生，甚至沒意識到他做了什麼。

每當我們揣測另一人的想法或心情時，往往都猜錯。就這麼簡單。我們不是他們，我們沒有他們的大腦，除非開口問，否則不知道對方腦子裡發生什麼事情。

這就導致第三種方法。

3 直接找他談

這是唯一的健康反應，而且唯有接受男人的思考方式不同，才有可能。這表示要進行「探詢」對話，而不是「指責」。在假設、揣測越積越多之前，需要盡早進行這番對話。情緒扣下扳機，我們因此知道有必要討論，情緒告訴我們，必須關切這段關係的某個層面。女人不能理解男人為什麼做某件事情時，就該找他進行探究。

「但我想找他討論，他覺得很煩，」妳說。「覺得我挑剔他。」

所以方法很重要。如果對方覺得妳有指責之意，他會自動進入防衛狀態。如果對方覺得妳只是好奇，就會覺得受到尊重、肯定。

聽聽男人覺得這兩句話有何不同。

「我想找你說話時，你總是看手機。你更關心那支蠢手機而不是我。」（指責）

女人用這種方法，男人會覺得他做錯事，惹麻煩了。他因此產生防衛心，反而不會敞開心房聽妳說話。

「我需要你幫忙，否則我不明白。」（等待回應。）「我發現我找你說話時，你常看著手機。我不知道該做何感想，因為你似乎分心忙其他事情，或對我說的事情不太有興趣。是不是我誤會了？」（探詢）

用第二種方法更可能得到妳想要的回應。雖然無法保證，但妳已經帶著尊重的態度開啟對話，重點是妳的感受而不是他的行為。他的答覆可能不如妳預期，例如「我只是擅長一心多用」這種回答可能不精確，但妳已經為未來的對話開啟大門。妳尊重他，而且在情緒惡化之前就提問。往後妳可以再重拾這段開放式對話。

✳以影響力取勝

我們無法改變別人，只能改變自己。我們透過改變處事方式影響他人，保持溝通管道暢通。這時對方可能選擇改變。

女性處理男性差異的關鍵分為三個層面：

1. 認知男女有別。

2. 視為不同特質，而不是錯誤。

3. 在重視雙方關係的前提之下，選擇如何回應這些差異。

男人覺得女人接受他們的男性差異，而不是想改變他們時，就能得到安全感，願意改變自己，因為他們想取悅女伴。

如果妳的男人瞭解妳對污垢的定義，甚至可能也開始看得到污垢。

第七章

妳那位穿著生銹盔甲的騎士

浪漫的關鍵是溝通。男人無法讀懂女人的心，女人也無法讀懂他的心。我們揣測另一個人的動機，而不直接問，幾乎都以挫折收場。要瞭解另一個人的想法，唯一方法就是開口問，而且要在安全的環境中進行。

我討厭李察．吉爾。

其實不然。我喜歡看他的電影。但他害我們男性難做人，因為他知道如何在銀幕上表現浪漫。他英俊，有魅力，永遠知道在合宜的時機，以得體的方式說出該說的話，而且語調恰到好處。他強壯、沉默，看起來就能掌控局面，知道如何用一顰一笑就迷倒女人。

他讓我自覺在愛情方面是個窩囊廢。

幾年前，我們夫妻去電影院看他的《來跳舞吧！》，吉爾為了給妻子驚喜，暗自偷學國標舞。這部電影很棒，主旨是他有多愛妻子，竭盡所能就為了討她開心。換句話說，他去上愛情課。

有一幕關鍵場景是在廢棄的百貨公司。他的妻子一直懷疑去上課的他其實是搞外遇，結果他突然出現。她目瞪口呆地看著他在手扶梯頂端出現，他身穿黑色燕尾服，戴著紅色領結，手拿一朵要送給她的玫瑰。

我聽到妻子驚訝地屏住呼吸，以為她就要在旁邊座位厥過去。我看著這一幕和她的反應，心想，好吧，我很想這麼浪漫。但那不是我。我永遠比不上。

這就是重點：男人永遠比不上銀幕上精心安排的浪漫童話情節。男人對浪漫的理解來自他們所聞、所見，而且似乎遙不可及。這不表示我們不能耍浪漫，讓女人屏息驚喜。我們不該就這樣投降。

女人希望被追求，所以愛情小說才這麼受歡迎——女性有機會透過虛構人物得到間接體驗。美國浪漫作家網站最受歡迎的十大主題，按程度排序，分別是：

1. 從朋友到戀人
2. 靈魂伴侶／命定佳偶

3.第二次得到真愛的機會
4.地下戀情
5.初戀
6.傑出的男／女主角
7.重逢的戀人
8.三角戀情
9.性感的億萬富翁／百萬富翁
10.迷人的女主角

數據也揭露八成四的讀者是三十到五十四歲的女性。有人指出，二十多歲的女性仍然希望男伴改變，變得更浪漫。但女性到了三十歲就放棄，用小說代替。

✷反而言之

其實多數男人都想變得浪漫。但如果他們認為必須寫詩、優雅地跳舞、時時刻刻說出得體的話，一定還沒開始就放棄。他們拿這種標準要求自己，就會感到自卑，覺得做作，而且他們的演技又不好。就某種意義而言，他們太誠實，不敢裝成另一個人。

原因呢？大部分的男人仍舊是想當英雄的小男孩。如果牽涉到浪漫行為，風險太大。他擔心自己會因為「做得不對」，遭到嘲笑或批評。他對浪漫的看法不切實際，也沒有人糾正他。

必須有人告訴他，浪漫與他本身有關，妳是幫助他瞭解這一點的最佳人選。他刻意運用自身的獨特性，就能擄獲女人芳心，她當初就是因此愛上他。他不知道，除非妳告訴他，否則他永遠不會發現。

最近我和某位先生談起了他們夫妻關係。我說：「你希望妻子最瞭解你的事情是什麼？」他的回答很簡單。「我只希望她知道我多愛她，卻不知道該如何表達。」

我一而再地聽到男人說這句話。他們對生命中最重要的女人有這種深切的情感依戀，但他們覺得自己不夠浪漫。這份情感卡在心裡，情人說他們不夠浪漫時，男人就覺得喪氣。他們真的想要浪漫，卻不知道怎麼做。

✺浪漫又是什麼模樣？

我想知道女人如何定義浪漫。我做了一些功課，也問過幾位女性朋友的意見。以下是我聽到的說法：

「我不在乎他做什麼，只要看得出他愛我。」

「我要他提醒我，他願意同心協力，經營長遠關係——他無論如何都會陪在我身邊。」

「他接受我做自己。」

「他理解『禍福與共』，因為我不是時時都那麼可人，但他願意長相廝守。」

「他突然發簡訊，給我驚喜，讓我知道他想著我。」

「他出差看到美麗夕陽，會拍照片，發簡訊說：『真希望妳能和我一起看到。』」

「他牽著我的手逛街。」

「他告訴我發生在他身上的事情。」

「他用我的口紅在浴室鏡子畫了一顆心，只為了讓我看到。」

「他自願吸地。」

「他只是多抱我幾秒鐘。」

這份清單有兩件事最讓我意外：

1. 沒提到巧克力、珠寶或穿燕尾服上自動手扶梯。
2. 身為男人，這些都是我可以做得很自在的事情。

這不表示女人不欣賞男人表達真心所送的禮物。但在多數情況下，女人對浪漫的看法，似乎是男人覺得自在之餘又刻意去做的事情。這表示他把女人放在雷達中心，並且用自然的方式告訴她，他心裡有她。

我聽過關於浪漫的最佳定義出自不知名出處：「愛上一個人不是因為他們的長相，不是因為他們的服裝，也不是因為他們的豪車，只因為他們唱了一首只有你能聽到的歌。」男人也許唱歌不成調，但他的心唱的歌，可以勾動妳的心。如果他沒機會表達，就會開始忘記歌詞和旋律。

我一直想為黛安寫一首歌。如果能把我對她的感受化成文字，找人譜上曲子，那就太棒了。但我不會寫歌。如果這是我的浪漫標準，我註定要失敗。

其他人寫了很美的歌詞，真希望我也寫得出來。我明白，雖然我自己無法寫歌，但我可以下載歌曲，當成禮物送給她。「如果我有辦法寫歌送給妳，」我告訴她，「歌詞就會像這首歌。」

我還發現其他有創意的方法，可以借用別人的表達方式。好比賀卡可能很昂貴。我通常會在妻子生日或結婚週年紀念日買一張送她，我以前覺得有義務買賀卡、鮮花，或其他傳統禮物。畢竟所有的廣告都說女人想要這些東西。雖然我想發揮浪漫，但總覺得這種方式不真誠。

我們談論過這個問題，她幫助我明白她的想法。不是因為買這些東西才特別，而是因為我想著她，並且特地表現出我對她的愛。她告訴我之後，我才意識到她的肯定教我學會在沒有壓力的狀況下表現真情。我可以做回我自己。

現在，在多數特殊節日（或者只是剛好去店裡），我們會在卡片區花幾分鐘，尋找完美的卡片表達我們對彼此的愛。找到合適的卡片之後就給對方看，親一下，放回去。我們感受到對方的愛，而且用我們都覺得幽默又有意義的方式。

浪漫嗎？我不指望有人將這件事拍成電影。這是我對妻子特意表達感情的小事，我做得到，符合我的個性，她也能接受。這麼做也符合她的行事作風。

為什麼從來沒有人告訴我們這些事情？否則我們在浪漫這方面可能表現得更好。

✺煽風點火

如果多數男性因為不切實際的標準，以致不夠浪漫，該怎麼辦呢？這個方法不是萬無一失，但很簡單：妳必須用他所能相信的方式告訴他，妳覺得浪漫是什麼。

男人對女人的最大要求就是被尊重。事實上，有些研究發現，男人對尊重的需求比對愛或性的需求更大。如果男人無法察覺女方對他的尊重，他就會在情感上感到欠缺[8]。因為不知道如何處理這個問題，他會覺得氣餒，因為他的需求沒有得到滿足。這種情緒可能會以怒氣的方式呈現，但女人無法理解，因為她試著向他表達愛意，卻沒有效果。

記得先前提過男人如何面對不安全感，以及他們如何竭盡所能避免不安全感嗎？他們天性想在人生各方面取得成功，表現優異能力，否則就覺得自己做人不及格。

如果一個人在職場表現良好，老闆認可，也會支付相對應的報酬。如果他是教會或社區中受人尊敬的領導者，就有成就感，也會聽到他有所貢獻。如果他不覺得自己在家裡作為丈夫、愛人和朋友稱職，只因為妳沒告訴他，他又覺得沒有安全感了。

男人需要聽到心上人的肯定，這能滿足他們對尊重和安全感的需求。無論他在公司或社會得到何種認可，少了妻子的肯定和尊重，就毫無意義。

《一分鐘經理》的作者肯．布蘭查[9]談到「看到人們做對事情」的重要性[10]。他說許多員工只有在做錯事時才會聽到老闆的聲音。這種現象有時被稱為「海鷗式管理」——老闆偶爾會突然出現，拉下一坨鳥屎，然後消失，留下一片混亂。肯．布蘭查建議，刻意鼓勵可以讓員工的心情截然不同。他們受到鼓勵就有自信。有自信，就想重複這種行為。

男人也一樣。肯定他們所做的好事，他們就會不遺餘力地重複。為什麼？因為得到妳的肯定很開心。

就某種意義而言，他們成為妳眼中的那個人。

穿搭向來不是我的強項。我對自己搭配的花樣和顏色不太有安全感。有時我出門穿的襯衫和領帶互相映襯，甚至陌生女子都會稱讚我的選擇，之後我就會發現自己幾乎每天都穿那套。

幾週前我在機場走過海關安全檢查站，一位女探員說：「那個顏色很配你的瞳孔。」我想覺得有自信時，猜我穿哪件衣服？這種肯定出自妻子更有意義，因為我知道它帶有敬意。（如果男人對海關安檢站探員的正面讚美有反應，想想情人的肯定會有多大的效果。）

當然，尊重不只是肯定男人的服裝選擇。妳看到男人做對事情時——浪漫的舉動，可以發揮莫大影響力。睜大眼睛、張大耳朵，尋找他讓妳覺得備受寵愛的小事，並且告訴他，

---

8 作者註：《女性限定：你需要瞭解的男人內心世界》（For Women Only），作者為桑蒂．菲德翰（Shaunti Feldhahn），二〇一三年由科羅拉多泉的Multnomah Books出版。

9 Ken Blanchard（一九三九—），美國作家、管理大師，著有《翻轉人生的實踐力》等。

10 作者註：《與肯．布蘭查一起走過的七十五年—回顧過去，展望未來》（75 Years with Ken Blanchard—Looking Back and Looking Ahead），作者為肯．布蘭查，二〇一四年五月刊載於Ignite!，http：//www.kenblanchard.com/Leading-Research/Ignite-Newsletter/May-2014。

「知道嗎，你昨天掃了外面的露臺。這通常是我做的家務，所以我覺得格外特別。也許聽起來很怪，但你這麼做讓我受寵若驚，與你更貼近。謝謝。」

從男人的角度而言，我可以告訴妳，他日後可能天天都去掃，因為妳滿足了他受尊重的深層需求。也許他還會開始找其他可以做的事情，才能再從妳口中得到類似的反應。

准許他不當李察．吉爾，讓他做回自己吧。

✺增加浪漫行徑的機會

讓男伴知道妳心中所謂的浪漫，就是讓他自由探索適合他個性和性格的方法。不要期待他一夜轉性，因為他的行為模式受到社會和媒體的強化。這不是自動反應，也不保證會發生。但要滿足他在妳面前求表現的天性，這是最快的方法。

其實不複雜，因為男人沒那麼複雜。他希望生命中最重要的女人尊重他、崇拜他。這時，他會覺得自己是英雄，更願意做些英雄事蹟。

剛開始交往時，大多數男人都超級浪漫，彷彿只有妳是他關注的焦點。他送花給妳，和妳連續聊上好幾個小時，犧牲睡眠只為了和妳多相處。從女人的角度看來，他應該永遠都會這麼多情。畢竟，這就是他的本性，對嗎？所以他才會有這些舉動。但是隨著時間拉長，火焰開始黯淡，成了溫暖的光芒，而不是熾烈的大火。而且稍不留意，火焰就會熄滅。

小女的丈夫在高中時第一次和她約會，當時他想邀請她參加舞會。她住在家裡，所以他請求我們允許他趁她不在時到我們家先佈置。我不記得詳細內容，只記得她的衣櫃外面有個詳細標誌、大量的裝飾品、好時水滴巧克力在整間屋子裡鋪成一條長路，引導她抵達目的地。

她大感驚訝，也答應邀約，他們一起去舞會。幾年後，他們結婚。現在過了十五年，兩人生了三個孩子，情況稍有不同。幾個月前，我在午餐時提到那件事，問他最近是否用水滴巧克力寵愛她。他笑著說：「恐怕沒有。而且小狗或孩子會在她發現之前吃掉。」他深愛妻子，但他們的關係看起來與高中時期有出入。

乍看可能覺得男人不誠實，因為他當時那麼浪漫，後來就停了。這又得回到他的大腦運作方式，男人的思維是征服、競爭和得勝。他不是自私，只是受到某名女子吸引，想贏得她的芳心。在這個階段，這是挑戰能力的偉大追求。他不遺餘力，只為了將她追到手。他專注，堅決。他想贏，而且這是「獲勝」最正面的意義。

問題是多數男人更擅長征服而不是維繫。一旦贏得女人芳心，他們就達到目的。在他們的大腦，任務已經完成，該迎接下一個挑戰了。這不表示他對她的愛減少了，但他自然不會像以前一樣專心求愛。

倘若這個說法屬實，女人答應追求之後，如果男人的行為有所改變，女人不該感到驚訝。她應該知道他深切關愛她，但他已經進入這段關係另一個新階段。征服的季節已經過去，取而代之的是著手建設。

然而這不代表女性必須放棄期待他會改善。維持關係不是他的習慣，也不熟悉。在多數情況下，他真心想成為好伴侶，滿足女伴的需求。因為不熟習，就需要刻意努力。所以他會犯錯。如果妳只留意他的錯誤，他會灰心喪氣。如果妳關切的是他努力學習、一心想把事情做對，他就會得到鼓舞，願意改進。

妳覺得他陪妳逛街很浪漫。他討厭購物，但妳已經說這件事對妳格外有意義，所以他陪妳。如果他心情惡劣，妳很容易心情低落。然而妳只要說：「我知道這不在你『最愛』事項清單，也知道你不開心。我會盡快採購，但我想告訴你，你陪我來的意義。我覺得浪漫，因為你在乎才會陪我來。」

他當下可能不會立刻心情好轉，但會記得妳的話。幾週後，他邀請妳一起去購物，卻帶妳到「家得寶」[11]。妳可能很想說：「好棒棒，但你選錯地方，這裡一點也不浪漫。」

但請妳從他的視角觀察。他試圖達到妳的要求，也就是去購物。他覺得去「家得寶」很特別，認為這就是兩人一起做他喜歡的事情。要讚賞他的努力，好好享受。

黛安發現「家得寶」對我的吸引力。每當我們一起去，我都當成大事。我一定為她開車門，我們手牽手逛街。我在我最愛的商店，身邊有我最愛的女人。

這就是最棒的事情了。

浪漫的關鍵是溝通。男人無法讀懂女人的心，女人也無法讀懂他的心。我們揣測另一個人的動機，而不直接問，幾乎都以挫折收場。要瞭解另一個人的想法，唯一方法就是開口問，而且要在安全的環境中進行。

什麼是「安全」？女人要求男人說出想法時，對他而言是有風險的。他也許會冒這個險，但她的反應會決定他未來肯不肯冒險。

如果他分享心情時，她劍拔弩張，爭論或試圖解釋她的立場，這就不安全。他會關上心房，因為她不是真正要聽。如果她傾聽是為了理解他，而不是為了附和，是為了提出問題，而不是講述她的觀點，這就很安全。他知道可以信任她，講出心裡話，因為她會保護他的感受。

---

11 Home Depot，販售家庭裝飾品與建材的美國連鎖零售商。

有這種環境，溝通頻率才會提高。溝通頻率提高，關係才有成長。誠實的溝通不見得容易，總會讓人不自在或覺得混亂。

沒關係。混亂、坦率、安全的溝通會成為愛情滋長的肥沃土壤。

妳的男人可能浪漫到超出妳的預期。

第八章

無條件的喜歡

一件東西的價值越大，我們越要謹慎對待。我們對待昂貴水晶高腳杯的態度，不同於處理塑膠吸管杯。無論男人怎麼說，把仁慈當成預設選項，就能建立彼此之間的信任。

我要以免責聲明揭開這一章。

我寫完之後，妻子先讀過，她說：「如果我不瞭解你，我會覺得你要告訴我，我要改善我們兩人之間的關係，全都得由我改變。女性讀者會認為，『為什麼我必須改變？他呢？聽起來彷彿都是我的責任，他卻無事一身輕！』」

這完全不是我的本意。這不能怪女人，男人絕對有需要努力之處。

但是這本書不是教導如何改變另一個人的婚姻或戀愛手冊，而是促進理解。我們要探索男人腦中的變化，以及這些思維如何影響他每天的選擇。我的目標是與妳同行，導覽風景。一旦妳清楚地看到他的視角，就知道面對身邊重要男人時，如何做出獨一無二、為他量身打造的決定。

因此閱讀時請謹記這一點。如果妳覺得不公平或偏頗，別忘了，我不是偏袒男人，只是想幫助妳準確瞭解他。

社會對男人的刻板印象：

- 他們不聽女人說話。
- 他們沒有感情。
- 獨立女性讓他們倍感威脅。
- 他們只想著性。
- 只要他們有機會，一定會出軌。
- 他們害怕許下承諾。
- 他們寧可和男性朋友消磨時間。

這些刻板印象怎麼來的？是真的嗎？

女人聚在一起時，可能會談論另一半。她們可能受不了男人做的某些事情，試圖釐清他的動機。如果她們相信這些刻板印象，就會說：

「呃，他是男人，妳還指望什麼？」

「他就是沒有能力做到；男人就是這樣。」

「男人——妳無法和他們一起生活，又不能沒有他們。」

女人應該如何回應這些觀點？她應該與男伴探討其他看法，質疑這些刻板印象，看看是否適用於她的男人。男女都想要真正的感情，而不是在關係中必須以某種方式「演出」。女人與男人一起探索他真正的本性，他如何獨特，以及他的真正想法，才會有真正的情感交流。

我們看看該怎麼做。

✷打破壁壘

男人不喜歡女人對他們抱有成見，但多數男人已經聽了一輩子。當然也有人把這些刻板印象當藉口：「我是男人——這就是我。」其實內心深處，他們知道那不是真相，只是不知道如何反駁，乾脆什麼都不說。

一切就從遊樂場開始，男人在那裡學會隱藏情緒。

凱只有八歲，但他知道有人叫他娘娘腔是什麼感覺。如果他表現出任何情緒，朋友（甚至是他的父親）就會撲向他，告訴他「像個男子漢」。他觀察其他男孩，以及他們對事物的反應，瞭解什麼是男子氣概。因此，他壓抑天生易感的性格，人們才會覺得他是「男子漢」。

結果男孩不肯顯露自己的弱點，最後成為不願意示弱的男人，實屬不幸，因為脆弱正是吸引女性之處。其實弱點真切存在，男人藏著拽著，就是不展現。女人看不到任何情緒時，就會下結論說男人就是沒有太多感情。

該來檢驗這些成見，看看是否屬實了。如何檢驗呢？就是和男人進行安全的討論。在這種情況下，「安全」表示與他一起探討這些刻板印象，但不要做出強化這些成見的反應。如果女人在男人試圖示弱時反應過度或批評挑剔，他就會退縮，要他再次嘗試就很勉強了。

妳開始探究時，他可能不信任。其實內心深處，他希望妳瞭解他的真實模樣。男人有機會向女人精確表達需求時，得到解放，可以做他以往鮮少做的事情。如果妳是陪伴他做這件事的安全人選，就能在關係中建立信任感，他覺得與妳更親密。

妳已經聽過這些成見。什麼是男人真正希望妳知道的事情？

✷男人的十四大需求

這些年來，我透過研究、與男人的對談，發現某些主題反覆出現。都與打破成見，讓女性看到男人的真正想法有關。以下是我最常聽到男人希望女人知道的事情——而且從他們的角度出發。

1 我們希望妳有話直說

我們真的想知道妳的想法。有時我們會不耐煩，因為妳花很長的時間描述經過。我們當然希望妳更快進入正題，但這不表示我們不關心，只是冗長過程成了阻礙。

我們無法讀心，唯有直說，我們才知道妳的需求。不要操弄我們，讓我們出於愧疚做事；直接表達妳想要什麼。盡可能簡單地告訴我們真相。不要斷定我們不關心。請假設我們在乎，給我們機會與妳一起探究。

2 妳好好表達情緒時，我們喜歡妳的情緒

我們不希望妳壓抑情緒或不讓我們看見，妳如何處理情緒對我們而言至關緊要。我們喜

歡妳的情緒，也希望看到——只要妳的情緒不失控。憤怒、悲傷和強烈的情緒都是妳的一部分，妳有這些情緒時，我們都希望能在妳的身邊。只是妳情緒爆發時，我們不知道該怎麼做。

這不代表妳不能有強烈的情緒或不能表達。只是妳學會以不攻擊我們的方式適切表達情緒，我們的反應會更好。男人尊重以健康方法運用情感力量的女人。

3 我們希望妳獨立

有人說，「兩個一半的人不能構成一段完整的關係。」我們需要成為健康、完整的人，也需要妳這麼做。我們希望妳需要我們，但不要依賴我們。

不同於多數人的想法，其實大部分男人不想為了讓自己感覺更強大，就和弱者交往。有些控制欲強的男人有這個傾向，但這裡談論的是健康的男人。這種觀點不健康。有安全感的女性可以激勵我們。不要為了和我們在一起而放棄興趣，但和我們在一起時，請付出百分之百的妳。

我們敬佩妳在我們的關係之外，還有自己的人生。這表示妳選擇我們成為這段生活的夥伴，我們都把自己的健康和完整性帶入這段感情。

簡而言之，我們需要妳喜歡妳自己。妳欣賞妳自己，我們就能輕鬆、自然地尊敬妳。

4 用善意對待我們

許多女人不敢告訴男伴真實感受，因為她們害怕他的反應。就很多案例而言，這種想法理所當然，因為男人相當不敏感。他們不常練習表達情感，自然延用世人認為男人該有的情緒，好比憤怒（往往以諷刺或沉默的方式呈現）。

無論我們如何回應，我們仍然是凡人。凡人會依照對方的態度做出回應。如果有人帶著善意交涉，我們更容易以同樣的態度回應。對方冷嘲熱諷，我們自然也用同樣方式奉還。所以所羅門王說：「回答柔和，使怒消退[12]。」

戀愛中的男女關心對方，所以兩人才會交往。如果他們那麼關心對方，看到對方有多好，而決定投入這段感情，不是以善意和尊重對待彼此才有道理嗎？

一件東西的價值越大，我們越要謹慎對待。我們對待昂貴水晶高腳杯的態度，不同於處理塑膠吸管杯。無論男人怎麼說，把仁慈當成預設選項，就能建立彼此之間的信任。

---

12 箴言第十五章第一節。

5 我們對讚美有反應

有些女性覺得不該讚美丈夫，否則可能會強化不良行徑。女人心情低落時，可能看不到好的一面，只看到壞的一面。因為灰心氣餒，她的談話就繞著男人做錯的事情，而不是做對的事情。

讚美（如果情真意切）是幫助我們前進的燃料。如果我們只聽到批評，就會讓我們變得挑剔。男人聽到讚美，自信就會增加。最重要的是，妳的讚美比我們在其他地方得到的所有讚美加總還有意義。

妳不必歌功頌德。但看到我們做對的時候，只要告訴我們。我們以後會更想做。

妳確實對我們感到沮喪（我們也知道），卻依然讚揚我們在這當中做對的事情，這種讚美格外有力。「你這件事真的惹火我，」妳說。「但是我們談論到我姐干涉我們的生活時，你聽我說，沒試圖修補或釐清；你只是聽我說。我覺得你聽進去了。真好，我很感激。至於我們的問題……」這種反應很強大，因為出乎意料之外，如果不是真心話，妳不會在當時說出來。

我們的大腦聽得出誠實的讚美，不要忽略這一點。

6我們不想背叛妳

這是大問題，因為很多女人覺得男人一有機會，就會出軌。因為天性使然，即使我們心滿意足，其他女人依然會吸引我們的目光。我們選擇和妳交往，是因為我們希望滿足我們的是妳。我們的感情出現波折時，我們可能更脆弱，但只要這段感情夠健康，我們就不會偏離正道。我們知道，努力克服問題，我們就會成長。

好男人強烈渴望忠貞。他重視忠貞，努力忠於女伴。同樣地，妳也不能背叛他。我們想要的信任來自雙方對彼此的投入，真的——所以我們才與妳認真交往。如果是戀人，我們單槍匹馬，就是為了經營感情。如果是夫妻，我們希望這是終身的承諾。

但這不表示男人永遠不出軌，而且頻率之高，我們根本不想承認。但請妳明白，這不是我們的本意。好男人不願意劈腿，也會採取各種預防措施。兩人都認真經營感情，彼此之間的信任可以抵擋關係中的暴風雨。

7我們希望妳有玩心

沒有人談感情是為了體驗無聊。多數男人成長過程都偏好活動，喜歡動手做勝於開口說。他們在遊戲中長大，遊戲就是他們人生的一部分。如果某個女人很有趣，她就找到通往他內心的暗門。

比起她說的話，男人更喜歡女人創造的經驗。要抓住男人的想像力，「動手做」的女人的勝算大過「開口說」的女人。男人想過得有樂趣，也希望和妳一起開心。如果他們進入一段感情，女方卻不有趣，這段戀情就沒樂趣了。一旦關係變得單調乏味，就無法成為應該幫他補充元氣的來源。

有玩心不僅表示一起做活動，而是瀰漫在兩人之間的開心和享受的態度。妳喜歡這段關係，就足以讓男人享受戀情。

女性通常比較有責任感和組織力。她們安排到好幾週之後，規劃好每一天。女人做一件事時，心思已經跳到往後要做的三件事。

男人往往比較隨興（也許該說是衝動）。他想出門用餐，卻殺得女人措手不及：「但我已經把吃剩的肉餅拿出來解凍，改天再去吧。」也許妳不必每次都答應，如果能偶爾聽到妳說：「我本來打算吃完剩菜，剛剛也拿出來解凍。但出去走走也不錯，走吧，明天晚上再吃剩菜。」男人會很開心。

對男人而言，這件事很有趣。他知道女人已經擬定計畫，但她願意放手，和他一起率性而為，這對他意義重大，表示他比肉餅更重要。他因此能在這段關係中得到活力。

8我們需要激情

誠然，在正當的關係中，男人有強烈的性需要。這不僅是慾望，也是需求。激情不一樣。對男人而言，激情表示他對妳有強烈的情感吸引力，他希望被人渴望。其實研究發現，關係少了激情或吸引力，帶給男人的恐懼大過要他們安定下來。

我們可能知道妳愛我們，但我們也需要妳喜歡我們。當然，有時很困難，我們都可能被激怒。但關係始於吸引力，也是因為吸引力才能繼續。對男人來說，這就是激情，他因此有動力把心思放在妳身上。激情無法偽造，因為男人可以輕易看穿。妳可以在表現激情方面發揮創意，但我們對妳有激情，也需要相信妳對我們有同樣的感覺。

9我們有強烈的想法和感受

人們普遍認為，男人沒有感情，這就是我們所謂的「都市傳說」。男人知道自己的想法和感受，只是比女人表達得更慢。不過，他們絕對有感情，而且真切存在著。女性需要認識這一點，謹慎處理。因為過去種種經歷，這些情感相當脆弱。

男孩從小就得知（有時從家長那裡聽來，卻是隨時聽到同齡人強調）他們不該哭。隨著年紀增長，社會不常無條件接受他們的感受，所以他們訓練自己不要表達情緒。

在安定的感情關係中，男人可能會放下警戒。從某種意義而言，他們把腳趾伸進大海，測試水有多冷。如果男人告訴女人他很怕，他在觀察、等待她如何回應。如果回應讓他有安全感，他往後就會願意在她面前示弱。否則，他就繼續放在心裡。

我們有真切存在的恐懼。不要試圖說服我們不必怕，只要聽我們說——不必同意我們的觀點或解決我們的問題，只要理解、支持我們。讓我們放心，妳會陪我們一起走過恐懼，我們不會獨自面對。男人得到女人的理解，那就是極為罕見的恩典。

10 我們需要妳的尊重和欽佩

尊重是男人莫大的需求。女人向男人表明她對他和他的想法有信心，男人便感到自己很重要。當然，我們有些想法很瘋狂。與其鑽研這些想法為何行不通，不如和我們一起探索。鼓勵我們做大事的想法和精神，即使妳擔心牽涉的範圍有多大。

如果妳尊重我們的思考方式，我們會感受到妳的支持。覺得受到支持，我們就有足夠的安全感，漸漸就願意放棄那些瘋狂的想法。我們只要知道，妳站在我們這邊。

注意我們做得好的事情，並且告訴我們。我們需要「無條件的喜歡」，需要知道妳尊重真正的我們。當妳指出我們做對的事情時，又更強化我們受尊重的感覺。

11我們需要妳的陪伴

我們喜歡妳。如果我們和妳有感情關係，就想和妳在一起。有時這表示我們想聊聊天，也意味著一起看場曲棍球轉播。是的，我們需要獨立自主，我們想要和朋友消磨時間。但我們也需要和妳在一起，就算只是靜靜坐著不說話，也能幫我們充電，這種陪伴和談話一樣重要。

我們與妳建立感情關係，不是為了自己獨處。我們想在單純、安全的環境中瞭解妳。

12我們需要鼓勵

我們有時會感到「沮喪」，但不見得會說出口。但妳看得出來，因為妳有足夠的洞察力，發現我們比平時沉默——我們沒反應，沒陪孩子玩，或者哪裡也不想去。

妳在這些時刻鼓勵我們，我們就自覺無往不利——而且我們會為妳赴湯蹈火。我們披荊斬棘向前卻陷入困境，請讓我們知道妳鼎力支持。有了妳的支持，我們做各種嘗試更有安全感，因為如果我們搞砸，也知道妳會溫柔接納我們。

13我們需要妳撩

我們熱愛調情。信心不足時，俏皮的調情可以幫我們打氣。撩人的微笑或溫柔、不經意的觸摸，是幫助我們恢復信心的最快方式。我們因此覺得有活力，因為妳夠關心我們才會這麼做。其他女性會賣弄風情，那也很有吸引力。但如果妳已經撩過我們，外人的魅力就沒那麼大了。

14 我們需要讚賞

男人扮演很多不同的角色，所以妳告訴我們扮演盡職時，格外有意義。我們的所作所為不會得到太多認可，因此得到妳的讚賞才這麼重要。妳發現我們為妳做事，好比收拾桌子或幫妳的車子加油，道謝就好。沒有人喜歡被視為理所當然，妳的讚賞會讓我們想再做一次。

有個表示讚賞的方法非常有意義，就是別當著我們的面。趁我們不在場的時候，向別人吹捧我們。話一定會傳回來，我們會體驗到間接聽到讚美的力量。

✹如何說男人聽得懂的話（上）

為了有效地與男人建立良好關係，要意識到他說的是不同的語言。如果妳用對女人說話的方式與他溝通，他可能聽不懂。最好選擇他理解的措辭。

如果想請他幫忙，不要說：「我清理廚房清得好累了。」妳希望他聽得懂暗示，出手幫忙。他不會，他以為妳只是陳述事實。直接開口問吧：「今晚可以幫我從洗碗機裡拿出碗盤嗎？感激不盡。」

精準分享情緒，而不是冷嘲熱諷。不要說，「你從來不聽我的話，到底有什麼毛病？」請說：「如果我們談話時，你沒有回應，我真的很難過。」

不要說：「你總是約朋友出去，把我一個人丟在家裡。」試著說：「我很高興你有機會和朋友出去玩。我明晚會和姊妹們出去，不如約他們來家裡看比賽？」

他已經習慣聽到妳說「我愛你」，這在意料之中，也讓他很開心。但妳可以說：「你知道，我今天真的很喜歡你。」這句話出乎意料，可以喚起他更強烈的注意。

妳很忙，他也知道，休息一下，陪在他身邊，說，「我的事情多到難以招架。我只是需要幾分鐘和我最好的朋友待在一起，好嗎？」這句話很難抗拒。

✷如何說男人聽得懂的話（下）

俗話說：「錯亂的定義就是不斷重複做同一件事，卻期待不同的結果。」

如果目前的溝通方式對妳的男人無效，就該評估妳的方法了。如果妳能準確掌握他的想法，就能用不同的方法建立良好關係。

我們姑且說他真的關心妳，想取悅妳。他不知道怎麼做，因為他已經試過，並沒有得到正面回饋。他覺得自己很失敗，於是選擇不恰當的替代行為保護自己。

以下的溝通策略，可以讓他覺得做出不同反應也很安全。

專注於解決方案。如果妳專注於溝通方式，男人往往覺得受到威脅。妳的大腦拼湊能力比他快，他就會退縮。相反，把注意力轉移到一起解決問題。

你們都同意問題所在之後，說：「我想聽聽你對這個問題的看法。你會怎麼做？」當他回覆時，不要做出任何反應。聽完就說：「有意思，我從沒這麼想過。讓我想一想，幾分鐘就好。」妳就有時間考慮他的想法，並選擇接下來的最佳回應方式。

如果妳不同意，不要說他錯了。只要說：「我有另一個想法要補充，看看能不能結合我們的點子，找出可行的辦法。」妳用這種方法交流，他就有機會成為贏家。

不要翻舊帳。我從男人聽到的最大抱怨，就是女人的記憶力有多好，以及她如何提起以前的事情，強調她目前的立場。這種說法通常不假，因為女人的多巴胺較多，語言和記憶能力較強。現在就著眼當下，往事不要再提。如果需要解決以前的問題，可以稍後再說——現在吵架就不要翻舊帳。

長話短說。男人沒有體力進行冗長、複雜的談話。即使談話內容很健康，男人的專心時間還是有限度。如果他開始變得沉默，目光呆滯，或失去興趣，就趕快結束，商量下次再談的時間。對男人而言，好幾次的簡短對談強過一次說個沒完沒了。

概括總結。妳的腦袋可能從許多不同角度分析某個情況，妳明白這些不同的想法如何全部混在一起。男人往往一次只看一件事，談話的方向太雜沓，他會感到困惑或不知所措。妳談論妳的觀點一段時間之後，看看能不能用一句話概括總結。問他是否覺得有道理，然後請他照做：「你覺得基本問題是什麼？」

記住妳和誰說話。他不是敵人，是妳最好的朋友，這段感情值得妥善對待。

讓他知道妳需要什麼。男人不會讀心，所以確切告知妳在某種情況需要什麼很重要。如果妳只是希望別人傾聽，給他一段時限，讓他知道妳不需要解決方案。「可以借我十分鐘，讓我說說腦子裡的聲音嗎？我不需要你幫忙解決，但如果你能聽聽看，我會覺得有人支持我。」

如果妳需要他看著妳的眼睛談論妳的感受，就說，「我有重要的事情需要聽聽你的想法。你能不能看著我的眼睛，十分鐘就讓你回去看報紙？」如果妳想要解決方案，請說，

「我需要建議。我把自己的想法說給你聽聽，你可以幫我指引方向。」

不要讓他打倒妳。如果他情緒被動或暴躁，不要和他一起淪陷。他可能希望妳和他一起擺爛，但如果妳能掌控自己的情緒，你們兩個都更容易恢復。

✻因事制宜

以上說法打破刻板印象。男人異口同聲都這麼說，也真心希望他們的女人知道真相。這不是一板一眼的僵硬規則，只是一窺男人大腦的奧祕。

這些原則在不同情況下有不同的應用方法，但依然通用。戀人之間的互動不同於夫妻。約會交往時，女人探索這段感情的潛力，這層認知幫助女人瞭解男人如何思考。如果是婚姻關係，這種認知可以解釋男人漸漸顯現的行為，只是她剛開始時沒注意到。對於一個有十幾歲兒子的母親而言，她就能瞭解他沉默時的想法。

男人感謝女人摒棄那些刻板印象。這表示他們被當成真正完整的人，而不是滑稽小丑。

Part 4

他如何溝通

How He Communicates

我聽某位女子說，「男性溝通」是自相矛盾的詞語，如果他生為男性，就不會溝通；如果他懂得溝通，一定不是男性。

這是不公平的刻板印象，以致兩性無法真正地溝通。男人通常有驚人溝通技巧，只是和女人的方法截然不同。男人有深厚的感情，但表達方式不一樣。他們多半選擇沉默，但不表示不在乎。

男人處境艱辛，他們知道自己被刻板定義為無情無義、不擅溝通。他們自知這種社會成見不正確，卻不清楚該怎麼做。

男人將在往後章節吐露心聲，我們一起探討他們的動機和觀點，釐清他們如何溝通。

這是學習成為雙語人士的機會——學習如何以「男性語言」溝通。

第九章 男人到底有沒有感情？

女人不高興時，男人會關心，但通常不知所措。他們想撥亂反正，但沒有修復情緒的洽當工具。

阿奇．邦克（Archie Bunker）是一九七〇年代影集《一家子》的丈夫兼父親，代表的就是社會對男人的典型負面形象。凱勒．歐康納（Carroll O'Connor）扮演的阿奇是粗暴、固執的刻板男性，從各方面看來都是男人的負面形象。這部影集當時頗受歡迎，有部分原因就是許多婦女對這種成見有共鳴[13]。

如果沒有這些看法，喜劇影集或電影要找素材就困難多了。沒有人質疑是否真確，只是假設正確無誤，故事情節就建立在這個基礎之上。我們心想，這就對了，他就是典型的男人。

當然，每個男人不一樣。有些人更像這些刻板印象，有些少一點。我們探索這些看法，就會找出適用於絕大多數男人的通則，以及這些通則背後的好理由。

確定真假之前，最好重新審視男性大腦，看看它如何影響男人的情緒和行動。

他腦子裡想什麼？

先前提過男人和女人大腦的結構差異。女性有更多連接大腦左右半球的結締組織「白質」，男性有更多的「灰質」，所以他們通常一次只使用大腦的一個部位。女性可以連結各種事物，而男性則不做這些連結。

換句話說，我們接受資訊的方式都一樣（透過感官），但處理資訊的方法大不相同。大腦成像技術的進步使研究人員得以研究這些差異，並看到究竟發生什麼事情。以下是適用於男性及其情緒的最新發現：

---

13 作者註："All in the Family"，二〇一五年十二月十一日查閱維基百科，https：//en.wikipedia.org/wiki/All_in_the_Family。

左腦包含處理語言的能力。男性左腦的腦細胞較少，而腦細胞數量可以預見表現優劣，腦細胞較多意味表現更好。如果女性左腦的腦細胞更多，在語言和溝通方面就更出色。她們越常使用這些技能就越精進，那個部位的大腦也會更發達。

由於女性大腦有較多白質，處理接收進來的資訊方式與男性不同。男性和女性對單字的處理方式相同，但對句子的處理方式不一樣。男性用大腦一側單一特定區域處理資訊，女性則利用大腦兩側的相同區域。這也意味女性可以同時進行思考和感受，男性往往分別處理。

女性多半使用更多的大腦進行傾聽和說話。這不表示她們更會溝通，只是意味溝通對她們而言往往更容易。

女性的雌激素多過男性，影響她們不安時使用的神經元數量。所以女性對壓力的感受比男性更強。雌激素也影響學習和記憶，所以她們比男性記住資訊的時間更久，更完整。

女性在壓力下會釋放催產素，有助於她們與其他人建立情誼。男性也會釋放催產素——但在擁抱和性接觸時更頻繁。女性會找人討論她們的問題，討論解決方案、得到別人的同理心、別人對她們想法的回饋時，心情更好。男人通常不會分泌這些荷爾蒙，所以他們有壓力時，不會想找人社交。

男性可從他人的表情和肢體語言中識別出更明顯的情緒，如憤怒和攻擊性，但較難區分更微妙的線索，如擔憂和恐懼。這些信號出現時，女性通常更容易察覺[14]。

女人因為大腦化學反應而以某種方式處理事情，並揣測男方應該也有同樣的反應，兩人就會出現溝通問題。畢竟，情況既然都一樣，他怎麼會有不同的角度呢？因為這種想法，合乎邏輯的結論就是這個男人只是固執、懶惰或冷淡。他需要提高他在這段關係中的互動技能，鍛鍊得更精進，對吧？

錯。這不是行為或性格問題，而是關乎大腦。只要女人覺得需要改變男人的運作方式，就準備面對挫敗。這些差異真實存在，她必須找方法運用這些分歧。

否則就像買房搬進公寓大樓。大樓自有一套規則，表面似乎限制住戶的自由，因為屋主可以在獨立物業上為所欲為。但公寓有嘈雜的鄰居、公共空間，以及確保人人友好相處的規定。這就是缺點，而且真實存在。優點是馬桶或火爐壞掉時，有人會來處理。

與男人交往有其「規則」，女人可能會覺得綁手綁腳。現在要考量的是兩人，而不是一人，兩人若要學會搭檔合作，就得做出改變。好處是碰上問題時，妳不必單獨面對。

這不是孰優孰劣的問題；而是權衡彼此的差異，然後調整適應。所以男女感情的重點不

14 同上註。

在誰對誰錯，而是重視差異，找到團隊合作的方法，融合兩人的觀點。

✻不要相信媒體的說法

觀賞情境喜劇或多數談話節目，內容都充滿男人的刻板印象，彷彿這是「常識」。咸認男人是戀情中笨手笨腳的大災難。女人愛他們，但必須控制他們，否則什麼也做不成。身邊有個男人很好，他們也有強項，但必須脅迫或操弄他們，這段關係才有可能有所成就。社會文化認為他們對感情毫無頭緒，不知道如何滿足女人的需求（甚至不願意）。

媒體的另一擊就是將男人描述成超級英雄，或是冒著無比風險拯救世界，最後成為英雄的粗獷俊男。

就我所接觸的男人看來，兩者都與事實相去甚遠。

男人確實想成為英雄，拯救世界，但主要是為了他最看重的女人。他自知無法拯救宇宙免於毀滅，但幻想能在家裡當英雄。同時，他看到影集描述的誇張男性，不知道該如何反駁。「那不是我，」他可能會說。「但我要怎麼說服女人相信我不一樣？」

那些誇張的男性典型成了都市迷思——大家普遍相信，其實不正確。讓我們探討這些神話，看看背後的真相。

✳關於男人的迷思

我們複習一下男人的刻板形象。女性（甚至男性）都信以為真，只要抱持這種信念，無論時間長短，都會破壞感情關係。所以找出每個案例的真實情況才會這麼重要，我們才有正確的看法作為參考依據。

迷思一——男人沒有感情

這是最大的迷思，也最困擾男人[15]。男人絕對有感情，而且可能很強烈。棒球隊贏得大聯盟冠軍，或足球隊贏得超級盃，妳會看到他們展現自由奔放的情感。隊員衝成一團，粗魯地擁抱對方，集體上下跳，拍打對方的背部，在球場上奔跑歡呼。比賽期間，促進球賽表現的感情都是鼓舞他們的燃料。

此外，男人也深深感受到「較柔和」的情緒，例如悲傷、恐懼、擔憂和敏感。事實上，

15 作者註：〈妳們馬子應該瞭解我們男人的十件事〉，二〇一四年十二月三十日刊載於Hub Pages網站，http：//hubpages.com/relationships/10-Things-You-Chicks-Should-Really-Understand-about-Us-Guys。

多數男人心中都有極大的不安全感，影響他們如何面對人生。

男人從小就被灌輸展現這些柔和情緒不符合男子氣概，展現強硬的情緒則得到允許。這些情感不明顯，不表示不存在，其實放在心裡更苦，因為男人沒有表達這些感情的工具——只能藏在心裡。有時男人會把悲傷這類情緒轉換成社會更容易接受的情緒，好比憤怒。

男人有強烈的情感，只是不見得知道如何處置。

迷思二——就算男人確實有感情，也不肯多談

許多男人的成長過程沒有善於表達情感的父親，所以他們沒有學習的楷模。他們從小沒被教育表達脆弱的一面，只被灌輸要堅強，而不是需要關懷。

多數男人不問路。這也是因為他想表現一切盡在掌控之中。他們也不肯承認哪件事情傷了他們的感情，否則就會覺得自己軟弱。男人會和另一個男人起衝突，就是不肯說對方的話傷了他。

女性傾向於用語言表達自己的情感，男性則是用肢體表達。當他們感到強烈的情緒時，往往用身體當出口，例如舉重或玩暴力的電動遊戲。這不見得是他們投入體育活動的原因，釋放情緒卻是附加好處。

男人會和其他男人談論他們的感受，但長話短說，言簡意賅[16]。

「老兄，我的姻親讓我很不高興。」他會說。

「是喔，」對方回應，「我懂，有時這些親戚很難搞定。」

「是啊，我不曉得該怎麼辦。你和那些親戚相處出過問題嗎？」

「當然，後來慢慢解決。要知道如何處理很不容易。」

「大概吧。嘿，你看了昨晚的比賽嗎？」

對男人而言，他需要或想說的話就這麼多。但是當他和女人談論他的感受時，情況就不同了。她想知道他感受的細節，但連他自己都不知道。如果她追問，他不是退縮，閉口不談，就是不高興。

當女人說她希望他分享感受時，他發現這個要求有選擇性。她想要柔和的情感，不見得想聽尖銳的情感。他沒有太多分享柔軟情感的經驗，所以他覺得她逼他開飛機，然而他只開過車。

16 作者註：〈男人希望能告訴女人的六件事〉，二〇一五年十二月十一日查閱eHarmony網站，https：//www.eharmony.com/dating-advice/finding-yourself/six-things-men-wish-they-could-tell-women/#.Vkjirk2FOrU。

我們之前談到的某個概念值得在此重複：男人與女人分享情感有風險，如果他信任她，他就會試試看。如果她不理會，輕視他的感受，或在他沒準備妥當之前強迫他，他就不再嘗試。如果她的回應讓人有安全感、懷抱耐心和關懷，他往後更可能多分享。

迷思三——男人不理解女人，也不想試著瞭解

一九九五年，艾倫．法蘭西斯博士出版了一本一百二十頁的書，名為《男人對女人的瞭解[17]》，該書立即成為暢銷書，二十年後仍然長賣。為什麼它這麼受歡迎？

書裡全是空白頁。

男人確實想知道女人想什麼。但是當女人不把意思說清楚，他又搞不懂，溝通過程就會失敗。她直接告訴他，他就明白。他那個連結功能較差的大腦很難理解她的弦外之音。

當她說：「我很不安，因為我們同意發薪之前不花錢，因為我們要額外存錢修車。所以你買了新的電玩，我很沮喪。」他就能聽懂。但如果她說：「你總是在我們沒錢的時候花錢！」他就無法聯想，因為他不知道所有資訊。

他並不是不想理解。他的大腦沒聽到直接訊息時，無法指派意義。如果同時又接收到一個以上的問題，他更困惑。

迷思四——男人對工作比對他們的女人更感興趣

女人說：「為什麼你這麼看重工作？」對男人來說，她是暗示工作不該那麼重要。他心想，怎麼會不重要？[18]

男人在工作中找到肯定和價值感。他天性就有追求成功、征服、供給和「獲勝」的欲望，終其一生就想在職場上取得成功。既然努力付出，當然期望高回報。男人無法工作，自尊心就受到威脅。他希望做出重要的貢獻，希望有所作為。

對男人而言，拿他的感情與工作相比較毫無意義。兩件事情是完全不同的類別。對他來說，這就像問小朋友，「你是走路上學，還是帶午餐去？」毫無邏輯可言。

男人在兩種事情當中若有一件不成功，就會影響他在另一方面的表現。男人的工作需要投入大量時間和精神，這不表示他對工作比對他的女人更有興趣。必須時時關注維護，才能在這兩個任務之間找到平衡。最費神的是愛護兩者，並且提供各自應得的關注。

---

17 作者註："Everything Men Know about Women"，作者是Alan Francis，一九九五年由紐澤西州Riverside的Andrews McMeel Publishing出版。

18 同上註。

迷思五——男人害怕承諾

單身女子常覺得男人害怕承諾。對男人而言，這就表示他對待感情不認真，只想享樂，不肯負責。男人被視為輕浮玩咖，通常會感到困擾，因為他知道事實正好相反。有些研究指出，男人比女人更想結婚而不是終生獨身，而且同樣渴望有強大的家庭聯繫[19]。問題不是害怕許下承諾，而是關乎時機。他們不急著許下婚約，因為想確定自己的選擇正確。一旦找到合適的女人，並做出這個決定，他們往往在婚姻過程中堅持下去。正是因為需要長期關注，他們才不輕易決定。

男人在全心投入之前，需要更長的時間斟酌是否要定下來，因為他們想知道這段感情漸漸會演變成什麼模樣。他們天生知道感情有「蜜月期」，想知道過了這個階段之後，她將如何與他面對現實生活。

換句話說，多數男人想要穩定的關係，而且是長期承諾。因此他們為了做對這件事情，會慢慢來。

迷思六——男人不聽人說話

男人大腦處理資訊的方式與女人不同[20]。多數男人想知道女伴對事情的看法。男人多半簡潔扼要，女人會提供細節。

男人聽到女人與閨蜜聊天的複雜細節，會試圖在腦中整理成要點。如果有太多細節需要分類，他們的腦子往往會打結，無法接收更多資訊。這就像電腦當機，得重新啟動才能繼續處理。

女性需要分享細節。男人不見得能理解，他們無法消化所有細節時，就會放空。對女人而言，這就是沒聽她說話或不關心。

妻子和她許久不見的朋友共進午餐。那天晚上，我會問她：「今天午餐如何？」她通常會從頭說起，敘述她們談過的每件事情、各自的反應，以及她對每段談話的感想。講完全程可能需要十分鐘以上。

我和多年不見的朋友共進午飯，黛安說：「說說今天的午餐。」我通常會說，「很好啊。他過得很好。」她說，「你們聊了什麼？」我在腦裡搜尋線索，一片空白。我和朋友碰面一小時，卻不知道我們談了什麼——至少不記得細節。既然談話結束了，在我心裡，細節

---

19 同上註。

20 作者註：〈親愛的，你聽到我說話嗎？為什麼男人不聽人說話〉，作者是Robi Ludwig，二〇〇九年十月二十七日刊載於Today網站，https：//www.today.com/health/honey-did-you-hear-me-why-men-dont-listen-1C9404041。

已經歸檔。會面結束，我們也聊完了，所以我當下的記憶沒有這些細節。

這麼多年下來，黛安和我已經瞭解彼此在談話中的需要。如果她鉅細靡遺地描述某次談話，我學會傾聽，讓她說完。這麼做不是因為我重視這些細節，是因為我重視她。我豎耳傾聽時，我們心靈相通。

她同時也明白，不要因為我不分享午餐細節而受傷，她知道我沒什麼好分享。她的大腦可以連結所有事情，我的大腦在午餐期間全神貫注在朋友身上，之後就會轉移到其他方面。

在傾聽細節方面，我不是典範。這是漫長又緩慢的學習曲線，我知道多數男人都達不到標準。我有時還是會不耐煩，因為我想抓重點。但我也知道，當我們允許彼此做回自己時，黛安和我才能攜手變得更強大。一旦我意識到傾聽對她有多重要，我做起來就更容易。

男人默默傾聽不表示他覺得無聊，可能意味他聽得更專心，因為男人傾聽需要精神，他很難同時做出反應。如果他沒立刻回答，是因為他需要時間思考才能回覆。

女人可以在輕鬆聊天時提出這一點，兩人一起探索。「你能幫我釐清嗎？我告訴你我正在思考的事情，你的回應並不多。我以前以為你沒仔細聽，現在我不知道你是不是聽得更入神，所以腦子正在處理資訊。我想聽聽你怎麼說。」

迷思七——男人從不告訴女人他們關心她

男人用行動表達感情，而非語言[21]。他們想表現得浪漫，但不見得習慣用語言表達。他們說浪漫情話時感到尷尬、信心不足（尤其拿自己和影集男主角相比），也怕做錯。所以他們用行動取而代之。

男人送花是表達感情的方式。男人通常不是因為愧疚而送花（雖然也有可能），這是他們說「我愛妳」、「我很抱歉」或「我想著妳」，又不必開口說。他計畫和妳出遊是因為他想和妳在一起。他幫妳修車是因為他想做些事情，讓妳的生活更輕鬆，並且照顧妳。

不要忽視這些行動，不要認為這些事情不如口頭表達。如果他說了，請細細品味，也要明白他的行動就代表他的心。

迷思八——女人不高興時，男人沒個屁用

有人說：「女人不希望你救火，只希望你和她們一起浴火。」男人想滅火，女人不想獨

21 作者註：〈坐而言不如起而行：男人表達愛意的十二種方式〉，二〇一五年三月十三日刊載於HuffPost網站，https：//www.huffpost.com/entry/actions-speak-louder-than-words-12-ways-men-show-their-love_b_6851744。

自面對火焰。一段健康的感情會汲取雙方觀點，建立持久的關係。

女人不高興時，男人會關心，但通常不知所措。他們想撥亂反正，但沒有修復情緒的洽當工具。

女人心煩意亂時，如果因為另一半當下沒有滿足她的需求，就認定他不關心，便會增加這段感情的壓力。提供工具會是更好的選擇，她可以直接表達自己的需求，並且以他能理解的方式提出。

他看到妳哭卻不知所措，就建議他。「我哭是因為（用一句話描述），我不需要你解決這件事，但我需要你抱著我幾分鐘——然後帶我出去吃午餐。」

妳的需要會得到滿足，也教他如何幫妳解決問題，這就是團隊協力合作。

這是雙贏解決方案的完美範例。

第十章

沉默的搭檔

我的沉默不代表我頑固、不理性、固執，或者「男人就是這樣」。我只是不明白妳說什麼。

兒子提姆說一口流利的西班牙語。他大學畢業後一直從事餐飲管理，第一次接觸到這個語言是在餐廳廚房工作。他開始在聖地牙哥管理一家餐館時，所有員工都是拉丁美洲裔。因為需要與他們溝通，他學會基礎對話。

他關心他們，想多瞭解他們的文化和語言，因此辭職去墨西哥當地上半年的沉浸式語言課程。他在那裡學會正確的結構和用法，才有扎實的語言基礎。

課程結束之後，他又多留了幾個月，在基督教會議中心擔任維修義工。他因此有機會和當地人一起生活，天天說他們的語言。這種經驗幫助他口說更流利。

提姆愛上露西之後，我們決定開始學西班牙語。他在那個會議中心認識露西，兩人五年後結婚。婚禮在瓜達拉哈拉舉行，我們希望能與她的親友交流，所以買了西班牙語CD，開始聽。

我們學會一些單詞、短句，因此有機會與新家人溝通。剛開始很順利，我們因此能用基本會話溝通，可能也逗笑他們幾次。但是我們絕對不流利。

提姆的西班牙語很流利，因為他和這個語言的人一起生活，現在他每天都和餐廳員工說話。我們只聽過CD，所以西班牙語還沒成為我們的一部分。我曾經問過某個雙語朋友，「你怎麼知道你能流利使用另一種語言了？」他說：「等你可以用那種語言做夢。」

✳與聾人溝通

說到與男性溝通，妳往往感覺自己說的是外語。妳說的是一件事，他們聽到的是另一件。妳試圖與對方溝通，但「溝通」變成「斷開」。

男人和女人都關心對方，所以碰到問題想找到解決方案。由於大腦運作方式有異，兩性選擇不同的路徑找出解方。女性多半透過談論找出方法，用語言釐清眼前的狀況。男人傾向以思考解決事情，因為不知道該說什麼，往往沉默不語。他們不知道如何回應女人的問題，乾脆不說話。

兩個人都想找出解決方案，但以不同方式處理。如果他們不瞭解這些差異，最後都會心灰意冷。

我們聽過「堅強、沉默型」的男人。約翰·韋恩和克林·伊斯威特這類老牌西部電影明星就符合這種刻板印象。他們話不多，但強烈的存在感和行動創造出神祕感，讓女人在電影院沉醉不已。

雖然女人可能受到這種沉默堅毅的氣質所吸引，交往之後又因此感到失望。「他從不和我說話，」她說。「他不對我敞開心房。」

沉默成為許多男人的內建語言。有些人只是偶爾沉默，有些人的沉默則是成了行為模式。對每個人而言，沉默都會使溝通停滯不前。我們不知道對方想什麼，只能用自己的觀點填空，假設對方和我們有一樣的想法。

他們想的不是同一件事。

女人要與男人有效溝通，必須說他的語言。她需要學習沉默的語言，學會男人使用這種語言時又該如何溝通。

✳為什麼男人閉上嘴

男人習慣沉默其來有自。部分原因是刻意使然，部分原因則是他自己也沒意識到。並非所有原因都符合邏輯，但事實擺在眼前。

他不知道如何回應。女人問男人對某種情況的想法時，他可能還沒想清楚。如果事情發生得更早，他的思路可能已經轉移到其他事情——所以早就不放心上。他覺得有壓力，非得回應，卻不知道該說什麼。

因為他的大腦一次關注的事情比較少，他很難跟上女性腳步。他不想顯得無能，乾脆閉嘴。長此以往，沉默成了他的應對策略，變成預設方法。這意味著他已經沒有選擇餘地。

他感到遭受攻擊。當男人感受到必須說話的壓力，但又不知道該說些什麼，會覺得自己是狩獵場的獵物。他覺得女人有武器，他卻赤裸裸，毫無防備。這與他的思考方式正好相反，因為他天性想獲勝、成功。在這種狀況下，沉默掩飾了他的恐懼。

他個性內向。下一章將進一步討論這個問題。內向的人易於深入思考，但他們無法把思路大聲說出來。他們接收資訊，然後需要時間獨自消化。一旦他們處理完畢，就能分享想法。催促他們思考只是徒勞無功，就像期望車子沒有油還能跑。

他不能迅速連結資訊。由於腦部結締組織加上較高的雌激素，女性就任何問題都能更快「蒐集資訊立案」。她們可以靠記憶結合經驗，支持自己的觀點。男人有時會感到害怕或無助，因為他們無法迅速想出那麼複雜的回應。他們索性閉嘴，保護自己。

他被教導「沉默」代表「男子氣概」。媒體灌輸男人，只要表現感情、加以討論都不是男子漢。從小到大，男人身邊的同儕也是始作俑者，如果他分享得太多，朋友會取笑他。因此他與女人交往時，他擔心自己沒有男子氣概，女方就不喜歡他。他閉口不談，以防這種情況發生。

他需要贏，而沉默是助力。如果男人覺得他與女人的談話可能不成功，他就沉默以對，避免失敗。聽起來不理性，因為女人甚至不知道他們要爭高下。他也不知道，而且他也不想在討論中「打敗」妳。他必須覺得對話結果是雙贏的局面，他才有獲勝的感覺。

他想尊重妳。在感情關係中，多數男人想對女人表示尊重。如果他們從小就被灌輸這個觀念，那就是他們基本的底線（不過有些男人學到的底線又不一樣）。即便在談話過程中生氣，他們依舊希望尊重女人。如果他要在考慮清楚之前解釋自己的立場，那就很困難，因為他不想脫口說出將來會後悔的話。所以他保持沉默，維護這段感情。

他希望妳快樂。每個人都聽過這句老話，「媽媽不快樂，沒有人快樂。」這真是不幸的刻板印象，描繪憤怒的女人把情緒發洩在家人身上，男人卻保持沉默。男人真心想把最好的一切都獻給另一半。

他確實想讓妳快樂——不是因為害怕妳生氣的反應，而是因為他真正關心妳。他希望他的女人知道他受她情緒的影響有多深。如果她不高興，他也不開心。不知不覺中，沉默成為避免痛苦的策略。只要他不說話，就不會冒險讓她不開心。這麼做往往不妥，卻很常見。

沉默已經成爲習慣。男人沒有其他資源時，就會手忙腳亂地尋找任何有效的解決方案。如果沉默經常奏效，沉默不再只是他的選擇……而是習慣。

✹學習說男性的語言

如果妳用英語和我說話，但我只說西班牙語，我不會理解妳想傳達什麼內容。即使我想，也辦不到，因為我根本聽不懂妳說什麼。我不知道妳是提供資訊，提出問題，或徵求意見。我很困惑。那麼我怎麼做呢？保持沉默。

我的沉默不代表我頑固、不理性、固執，或者「男人就是這樣」。我只是不明白妳說什麼。如果妳試圖解讀我的動機，就是揣測我的沉默——那些假設恐怕有誤。

如果我們想交流，只有兩個選擇：

1.我可以學英語。

2.妳可以學西班牙語。

當然，如果我能學會英語就好了，和妳交流也更容易。但身為男性，這種學習聽起來很費神。我必須相信成果值得我努力。

聽起來不公平，因為我和妳的感情應該足以提供足夠的動力，對嗎？為什麼妳就必須學雙語？

然而哪怕妳只會幾個西班牙語短語，我們就可以開始溝通。我會享受這種交流，體認這種溝通的價值。因此，我更可能拿起英語光碟，開始學習。換句話說，如果妳邁出第一步，我就有動力。

男人才懂啦。

除了採取主動，還有其他事情可以讓雙語交流更輕鬆。例如，知道男人天性記不住對話細節很重要。女人聚在一起一小時，就能知道對方的裝飾品味、背景、育兒理念和嗜好。男人一起去河邊，車程往返就要四個小時，在一個帳篷裡待了兩晚，卻記不住他們談論的任何事情。

男人分享體驗，而不是語言。那就是他們的語言。所以男人為另一半做事表達愛意和關懷，比直接告訴她來得自然。他可能會表達對她的感情，只不過頻率不如她所願。

我們前一章中提過這一點，但值得重複。因為知道男人用行動而非語言表達關心，所以女人需要敏銳觀察他為她做的事情。如果他幫她送茶到床上，或在週六早上幫她洗車，給她驚喜，她要知道這就是他說「我愛妳」的方式。她會如何讚賞他說情話，這時就該做出同樣的反應（好讓他往後都想重複這件事）。

✷談話技巧

跨文化交流必須在談話時特地留意。如果妳想用另一半能理解的語言與他溝通，以下提供「文法」祕訣。

放慢速度。

男性通常比女性需要更多時間處理資訊，因為女人的大腦天生可以快速建立多種連結。男人比較傾向於一次專注一件事，妳說太快，他很快就跟不上。

謹記，男人沒即時回應，不代表他冷漠。其實他可能更投入，在回應之前花時間仔細聆聽、處理資訊。妳很快就能將想法化成語言，但請給他更多時間。

如果妳發現自己因為他反應慢而覺得不耐煩，先暫停，給他一點空間。不要找話填補沉默，等他開口。這種沉默可能讓人覺得缺氧，妳必須抵抗壓力，不要太快填滿空白。

妳可能心想，好，可是這會花上更多時間。沒錯。男女感情最大的致命傷就是人們急著說話。講求人際關係的效率，通常會拖慢交心的過程。真正的信任建立在真正的關係中，而培養真正的關係需要時間。深刻、有意義的關係需要用慢燉鍋，不是丟進微波爐。

催促感情發展，就像期待學步小娃做微積分。他不是沒有能力，他有學習曲線，只是需要一段時間才能達到目的。

在妳情緒高漲時，不要試圖解決他的沉默問題。

理性和感情就像油水相斥。當妳帶著高漲的情緒討論時，就不是解決深層感情問題的時機。這些強烈的情緒奪走我們的客觀能力，最後說出將來會後悔的話，或因為指責而破壞真正的溝通。這不止是「男人才懂」或「女人才知道」，這件事情關乎感情。

如果房子失火，現在不該爭論誰沒關火爐。妳可能吵贏，但會失去房子。處理好眼前的危機，以後再談肇因。

如果另一半因為沉默而讓妳沮喪，逼他回應只會讓問題惡化。更有效的方法是指出他的沉默對妳的影響，建議另選時間探究他不語的原因。

妳可以說，「你知道，我現在真的很難過，因為我們正在努力解決這個問題，我覺得你似乎不放在心上。這對我很重要，我想知道你想什麼。」這種方法很誠實，妳也展示他所需要的尊重。妳不是指責他，只是把感受告訴他，讓他知道妳重視他的想法。

如果妳想探究他的想法，就找個對他有用的方式，而不是只對妳有用。不要說，「能不能找個時間坐下來談談這個問題？」對他來說，這就像把他叫進校長辦公室。相反地，要說：「我們能不能找時間去星巴克（或他喜歡的地方）談談這個問題？」談話等級就沒那麼嚴肅，也沒那麼有威脅性。妳挑他喜歡的地方，他覺得妳「喜歡」他，尊重他，才更有可能說出沉默的原因。

他說出想法時，只需傾聽。不要劍拔弩張，也不要繼續追問，讓他說下去。如果他不覺得有壓力，就會給妳重要資訊。別想一下子全問出來。讓他分享一點，幾週後去星巴克再來一次。妳給他安全感，他才願意分享他的想法。

允許他延後。

這是延伸上一個建議。妳逼他立刻回應，不會有進展。在氣氛中立的星巴克聊天時，讓他知道，妳明白他需要整理情緒的時間。然後找個你們兩人都同意的方法，下次再交流。有對我認識的夫婦協議，男方不知道該說什麼時，只需要說「半小時」或「一小時」。她同意延後，他則保證他們會重新討論。這對他們而言都很有效，因為兩人的需求都得到滿足。他們還發現，在這段休息期間，情緒會消散，討論時更尊重對方。

另一個方法是將討論延遲幾天。妳可以說，「我知道你需要時間思考，可是我覺得很重要，不能放任這件事情不管。等你幾天後，有機會想清楚，能不能再來討論？」他可能還是覺得不自在，但妳的提議尊重他，也尊重他的需求。

要求妳想要的東西

男人天性想找出問題的解答。如果妳要找解決方案，直接問他該怎麼做（他一定很高興）。如果妳只是正在斟酌各種想法，需要邊說邊想，也告訴他。「我想聽聽你對某件事的意見，」妳可以說。「我得評估我目前的選擇。可以和我討論一下，幫我理清思路嗎？你不需要給我解決方案，但聽聽你的意見對我有幫助。」

這種方法可以滿足他被需要和被尊重的願望，又不會迅速丟出解決方案。一旦你們談完，如果覺得合適，可以徵求他對最佳解決方案的意見。妳可能真的想聽聽看，因為他花時間傾聽，而不止是「解決」。

不要問他有何感受，要問他有何想法。

他知道如何回答第二個問題，但答不出第一題。妳會得到同樣資訊，只是妳用他的語言提問。

學會傾聽沉默。

男伴不肯談，對女性而言是極大的挫折。我們很容易覺得男人固執，不擅溝通，開始用這種眼光看待他。這種刻板印象才會不成比例地擴張。

解決辦法不是要男人多說話，而是學習他們的語言和溝通方式，並利用這種獨特性。如果讓男人以男性的方式處理資訊，而不是覺得有必要以女性的方式說話，他們有可能成為最佳溝通者。

他們變得堅毅、沉默，知道如何與女性交心。

第十一章
沒有打鬥的衝突

他們通常不分析人們哪些行為、言語冒犯別人；他們只是不高興，認為對方需要好好反省。

網路上充斥關於憤怒的句子。

要發怒的人冷靜，就像幫貓咪施洗。

永遠別帶著怒氣上床；要熬夜，策劃如何報復。

你認爲我生氣的時候是小可愛？準備好囉——因爲我就快變成大美女。

憤怒這種情緒會讓你的嘴動得比腦子快。

這些句子多半很精巧，但沒提供太多解決方法——不過我們也不期待。更令人驚訝的是，竟然沒有太多學者研究如何處理感情關係中的衝突——至少比起感情其他層面而言，這方面的研究並不多。

實在可惜，因為這是全世界都會碰上的問題。我們都曾在自己或他人身上經歷過。我們極度在乎的關係出現衝突時，我們需要解決問題的工具。

待在憤怒的人身邊令人筋疲力盡。他們散發許多能量，讓人感到疲憊。如果我們試圖與他們交談，就會覺得勞累。一陣子之後，我們覺得有必要從這種情緒中抽身，「冷靜一下」。

如果生氣的是男人，事情可能更棘手。因為大腦運作方式使然，女性正在建立各種聯結，也試著檢視所有相關的互動。男人的大腦一次專注一件事情的特性，就事論事地分析眼前的麻煩狀況——就是麻煩。他們通常不分析人們哪些行為、言語冒犯別人；他們只是不高興，認為對方需要好好反省。

關於男人對憤怒的典型反應，有人做了精闢的總結：「如果人們能學會管理他們的愚蠢，我就不必管理我的怒氣了。」只要有人惹惱他們，他們一律認為問題出在對方身上。

我們都會生氣，這是人類的情緒，而我們都是凡人。如果有人說，「噢，不要這麼生氣，」就是說，「噢，不要這麼有人性。」

伴侶之間有怒氣，起因通常是衝突。兩人對某些事情有不同看法，只要夠重要，他們會努力解決。如果兩人都認為自己才對，就不想聽對方的意見。反而覺得有義務說服對方是錯的，需要改變。結果呢？有人會發火。

衝突不是壞事，除非兩人因此產生嫌隙。一旦漸行漸遠，憤怒會日積月累，隔閡越來越大。但簡而言之，兩人一起進步，就會有分歧。如果他們認真投入這段感情，健康的衝突是進步的策略。

根據這個定義，沒有分歧的感情是停滯不前的關係。有人說，如果兩人對所有事情都意見一致，其中一個就是多餘的。衝突不是要搞清楚誰對誰錯，而是從分歧中汲取養分的過程，並且從彼此最棒的看法中找到有創意的解決方案。

這是沒有打鬥的衝突。

✷處理衝突的不同方法

達洛和妻子康妮為一瓶沙拉醬起爭執。她問他是否需要買什麼，他說，「田園沙拉醬[22]」。

---

22 美式沙拉調味醬，通常由酪乳、鹽、大蒜、洋蔥、芥末、香草和香料與蛋黃醬混合製成。有時酸奶油和酸奶會被用來代替配料中的酪乳和蛋黃醬。

她買了「清淡」版，而不是「正宗」醬料。她認為兩者都一樣，這瓶熱量更低。「妳瘋了嗎？」他大喊。「那不是田園沙拉醬，吃起來就像化學製品。如果我要假的田園沙拉醬，我就會要妳買假的田園沙拉醬。」她很難過，她只是希望夫妻注意健康。他很不高興，因為她沒有達到他的要求。

他先大喊大叫，後來沉默離開，看起體育轉播。她想找他談談，但他氣得不肯回應。他們陷入溝通僵局，導火線是沙拉醬。

她不知所措，於是打給好姊妹琳達討論。琳達聽完之後說：「我請麥特過去和他談談。他們喜歡一起消磨時間──也許他有辦法讓他開口。」

麥特告訴琳達，「妳瘋了嗎？我才不要。那是他們的問題，不是我們的，別管了。」

這正是證明研究結果的好例子：男人和女人對衝突的反應不同。女性利用她們的結締腦組織，想出幾個解決衝突的策略。如果她們想不出如何讓男人一起解決問題，就找朋友尋求支持和對談。她們總是顧慮別人的感受，所以她們想儘快解決問題。另一半不肯合作，她就覺得絕望。

男人與女人意見分歧時常感到無能為力，因為他沒有太多「武器」可以爭個高下。她做出不同連結，尋找解決方案，而且接二連三提出。由於男人的注意力集中單一，沒有太多選項，覺得自己比不上她。他的大腦更注意獲勝和地位，所以他自動訴諸強烈的情感，作為主要武器。

我們都經歷過男人和女人處理衝突的不同方式，卻沒有任何確切證據指出哪一種比較好，兩者只是不一樣。問題不在於避免衝突，因為這是感情茁壯的基礎。伴侶不能與彼此談論問題，兩人都會對這段感情更加不滿。

真正的問題是學習如何在衝突時溝通，而且對事不對人。如果兩人能夠學會合作邁向這個方向，就有可能建立起能夠處理難關的溝通技巧。

想讓對方難看，自己也不光采。感情著重攜手合作，而不是拉開距離。

✷起衝突時，找到理解男人的模式

「他只是做男人都會做的事，他們就是這樣」。

這是對男性的普遍成見。這種觀點假設：

1.所有男人都有某些特徵。

2.這些特徵負面消極。

3.女性只能忍受這些負面特徵，因為男人頑固，死性不改。

的確，任何人要改變都很困難。但是把所有男人歸成同一類，女人就無法找到另一半的獨特性，並以此作為感情發展基礎。

這些年來，研究人員開發不同的模式將人們分類，希望更瞭解他們。這些模式用描述、顏色、動物和其他範例標示這些方法。在不同情況下應用這些方法，可能有好處。

我探索這一章時，想確定哪種模式能夠為試圖理解男人的女性提供最大參考價值。雖然不同的模式都有幫助，但沒有一個模式是放諸四海皆準。較好的方法就是採用兩個不同的模式，它們對男人的簡單觀察，可以在衝突中對女性提供最大幫助。

一個與男人的反應方式有關，一個則涉及到他的基本氣質。混合、搭配這些類別不會提供絕對的答案，這些模式的設計目的也不是瞭解男人所有底細。這些模式專門描述男人處理衝突的不同方法。

✺兩種不同的回應方式

我們先看看男人如何應對。我在研究中看到有個模式不斷出現，多數男人應對不同情況時，往往由憤怒或恐懼所驅動。由憤怒驅動的男人遇到洩氣的狀況，情緒能量開始高漲。他們的心態自然而然就會推動他們前進，迎接棘手談話。他們不會退縮，征服欲也被激發。情緒能量增加，左右思考和反應[23]。

遇到同樣情況，心情由恐懼主宰的男人也會體驗到情緒能量增加。但這種能量不一樣，他們因此遠離衝突，處於防備心態，而不是進攻心態，他們擔心這場對話所致的所有惡果。消極被動。他們避免衝突，因為太不自在，更容易退縮。他們只擔心各種負面可能性，而這種恐懼會往心裡放。

憤怒的人往前迎向衝突。恐懼的人後退，遠離衝突。

✳兩種不同的氣質

此外，兩種不同的氣質也有關係：內向型和外向型。我在以前的著作寫過，因為氣質是瞭解行為動機的簡單方式。

「內向」並不等於「害羞」。我內向，但聒噪。我以說話維生，每天身邊都是人。但我待在人們身邊時，我是消耗能量。我喜歡和人們在一起，但我們交談的時間越長，我的精神就越

23 作者註：《壓力管理：健康和幸福之道》（Managing Stress：Principles and Strategies for Health and Well-Being）第六章，作者為Brian Luke Seaward，二〇一一年由麻州伯靈頓的Jones & Bartlett Learning出版社發行。

差。一段時間之後，我必須離群充電。內向型在獨處時得到能量，與人相處時消耗能量。

外向型可能愛交際，也可能沉默寡言，但他們和別人在一起就是充電。他們透過與人相處獲得能量，獨處時間太久就沒精神。他們透過實際談話消化自己的想法，內向的人則在獨處時釐清思路。簡而言之，內向型說話之前先思考，外向型則是透過說話思考。

外向型往往難以理解內向型的省思天性，並認為如果他們的沉默能夠「被治癒」，在感情關係中會更好相處。內向型不只喜歡獨自處理思緒，這也是他們唯一會的方式。

如果內向型和外向型談戀愛，他們的互動就頗有挑戰性。任何人想要成功經營感情，最重要的任務之一就是學會尊重和重視對方的氣質。對女性而言，這是用男伴的方式瞭解他、與他交心的快速方法。

✹四大類

結合兩種反應方式和氣質，可以設計出約略分為四個象限的四大類：

1. 憤怒主宰的外向型
2. 恐懼主宰的外向型
3. 憤怒主宰的內向型

4.恐懼主宰的內向型

要把男人歸到某個象限，幾乎是不可能的任務。這不是與其他現有模型互爭高下的另一個模型，只是幫助指引我們思考的簡單工具，引領在我們判定男人的動機以及如何面對他們。

1 憤怒主宰的外向型

這些男人可能表現得好鬥和篤定。這個象限的男人會讓女人覺得受到攻擊，因為這種特質強有力又直接。這類男人會迎向衝突，堅守立場，不會退縮。他往往不是好聽眾，因為他花太多時間說話。和他打交道可能令人氣餒，因為他更關心對錯，而不是心意相通。

外向的人邊說話邊思考，這不表示他堅定相信他所說的話。他也許信，但他更有可能是把想法說出來聽聽看。不要被他嚇到，妳知道實情之後，可能比較容易做到。妳不會改變他的特質，但瞭解他就能善用這種個性組合。要知道他現在堅定說出口的話可能不是最後決定的底線，明天可能就會改口。

既然他把想法說出來，就加入他，就他所說的內容提出問題。不要對他的想法做出強烈反應，因為他還在斟酌。妳提出的問題可以幫他決定他的思路。

2恐懼主宰的外向型

這些男人的做法彷彿說：「天要塌了！」他們排練每一件可能出錯的事情，陷入消極的思考模式。這時女人很容易成為救援者，因為她擔心他鑽牛角尖的非理性想法。

在這種情況下，他是邊說邊想。這些想法沒有時間的累積，是衝動的念頭，甚至是剛浮現就脫口而出的夢想；他的模樣彷彿說到就會做到。小心別讓他拖垮妳的情緒，在他情緒高漲時，不要立刻用邏輯反駁他的論點。那種方法專注於問題而不是感情關係，他只會被迫想出更多的理由，證明自己的想法。

以同理心傾聽，多關注他的感受和情緒表達，而不是釐清他那番話的合理性。在兩人情緒平靜之前，先跳過實際的問題，只要說：「聽起來你真的很擔心這整件事……我說得對嗎？」

	憤怒	恐懼
外向	憤怒主宰的外向型	恐懼主宰的外向型
内向	憤怒主宰的内向型	恐懼主宰的内向型

3 憤怒主宰的內向型

這些男人需要思考的空間。他們在衝突中能感受到強烈的情緒，但還沒想到要說什麼。他們展現的主要情緒往往是挫敗感，表達方式就是不高興的沉默。憤怒迫使他們處理當下的狀況，但他們感到沮喪，因為想法彷彿還不合邏輯。他們的感受很真切，但發生衝突時，他們不知道該如何轉化為語言。如果妳太快鉅細靡遺地與他們講解這些感受或想法，他們會更喪氣。

明白他覺得氣餒，但不要試圖催他有所回應。讓他知道，妳曉得他的感受有多強烈，並且給他思考空間。「我看得出你真的很沮喪，」妳可以說，「而且你對這件事有強烈感受。我希望知道你在想什麼，但我猜你可能需要時間消化。是不是？」

這種方法讓他覺得安全，他的感受或不知道自己想什麼都無所謂。他因此可以在沒有壓力的情況下處理情緒。只要他有這種安全感，在他消化處理情緒之後，要求他分享想法就很公平。「你有機會想清楚整件事情之後，我們今晚能不能再談談？我很重視你的觀點，一起處理這個問題格外重要。」

4 恐懼主宰的內向型

這些男人可能難以應付，除非妳知道發生什麼事情。他凡事都放心裡，所以妳沒有明顯的跡象可以整理歸納。因為他不喜歡衝突，他盡量避開。他不想和妳吵架，而且表達他的感受可能會起衝突。所以他認為必須獨自處理，不是一起面對問題。想像烏龜把頭縮回龜殼以策安全。

記住，他還沒有時間處理他的想法。如果妳在他準備好之前催促他提供資訊，他就會退縮。從妳的角度看，他似乎漸漸疏離，也不在乎。這種狀況令人沮喪，因為妳覺得不逼他就毫無動靜。他完全不出力。

其實他有強烈情緒波動，只是往心裡放，而不是向外顯現。最好的方法就是明白他的狀況，提供他覺得安全的環境。他必須覺得妳不是試圖控制他的行為，而且向他保證妳的尊重和夥伴情誼。「我看得出你很看重這件事情，可能需要時間整理想法，對嗎？」妳可以這麼說。「我知道這通常有助於你釐清想法。記得，你不必獨自解決這個問題。我們是一個團隊。如果我們都花些時間認真思索，然後烤塊牛排，飯後去散步，邊走邊交換意見如何？」

✵建立扎實關係的策略

以下這些描述和方法並非萬無一失，不見得可以自動解決妳和情人關係中的每個衝突。目的是為了幫助你們互動時更上心。心讓妳感同身受，是無價之寶。發生衝突時，腦子讓妳用男人聽得懂的語言掌控局面，而不是情緒暴衝。

爭執時，另一半與妳做出不同的回應，妳很容易有反應。但妳若研究他的個性，剛好趁意見相左時開始回應真實的他。探索他與眾不同之處，並且將焦點放在合作解決問題，而不是針鋒相對。

在衝突期間與男人溝通的關鍵是什麼？要特別留意聽從腦子，而不是心。如果妳順著心走，會擾亂他的腦。如果妳順著腦，就能與他心意相通。

男人天性想贏，但不必犧牲妳。「雙贏」和「我贏」一樣讓他們心滿意足。男人內心深處希望能支持妳，他與妳交往是因為重視妳。他希望妳贏，但可不表示他要輸。尊重他的好勝心，他就會和妳攜手前進。

兩人發生衝突時，以下幾個簡單策略可以為男人提供安全感：

不要把他逼進死角，強迫他表達內心感受。給他一點空間消化處理，他通常會對妳打開心房。

起衝突時，談話簡潔扼要。如果話太多，男人會感到不知所措，無法集中注意力。他覺得自己就像在散兵坑，四面八方都有流彈。如果他有這種想法，就不會讓妳進他的坑洞。

分享想法時，用「我」當起手式，而不要「你你你」。「我們談話時，你總是沉默不語」會讓男人覺得遭到攻擊。「我們停止交談，我很沮喪」才更精確，他不會防備心大作。與其說「你就是不明白，對不對？」不如說「真希望我能表達得更清楚」。

小心，不要暗示他錯了。焦點是哪件事情錯了。他也許不對，但若遭到指責，絕對不會承認。

起衝突時，不要一心多用。妳也許可以一邊打掃廚房，一邊與男人解決棘手問題，但他會覺得妳分心。他一次只關注一件事的單純天性可能需要接觸到妳的目光。如果妳不確定，直接問他，如果妳坐著討論，是否有幫助。

但是多數男人不擅長坐著進行「正經」的談話。如果他和妳一起散步或出去吃甜點，那就更安全。有時一起散步，他更容易表達他的想法，因為這比較活潑，而且他不必直視妳的眼睛。一起開車往往也有同樣的效果。

注意他的目光。外向型說話時比較有眼神接觸，傾聽時卻很少四目相接（所以他們彷彿沒聽進去）。內向型正好相反；他們傾聽時會看著妳，說話時卻眼神飄忽。

不要以批評性的話語展開不太愉快的對話，好比「你從來不聽，我們需要談談」。相反地，提問的態度是妳想同心協力處理問題。「我想聽聽你的意見，」妳可以用這句話當開場白。「可以把我的心聲告訴你，聽聽你的想法嗎？如果我知道，我們可以想出對我倆都有用的辦法。」

衝突標誌進步的新階段。不必閃躲這種事情；只需要瞭解對方的情況，營造安全環境，進行健康對話。

一定要追求雙贏。他可能不惜一切代價就是要獲勝，這是因為妳以個人角度處理衝突——試圖判定誰對誰錯。要判斷哪些戰役值得打，哪些又是兩人同意可以意見相左的議題。對於真正值得討論的衝突，一定要尋找雙方都滿意的解決方案。

學會發生衝突又不訴諸戰鬥，妳就為兩人關係奠定基礎。

Part 5

他如何成長

How He Grows

我小時候喜歡著色。

我多半用著色本，但也喜歡在白紙上塗鴉。我有個紅白相間、蓋子牢固的圓形錫盒，我就把蠟筆放在盒子裡。因為用得很頻繁，多數都是標籤被撕掉的短蠟筆。黑色、棕色和白色的保存狀況最好——因為我不常用這些顏色。

著色很有趣，但我總覺得創造力有限。當你只有幾種顏色，就無法創造出各式各樣多采多姿的作品。

某年耶誕節，爸媽送我大盒蠟筆。那是翻蓋的蠟筆盒，至少有一百支顏色各異的蠟筆。盒子裡的筆排成四排，並列站好，彷彿說：「選我！選我！挑我吧！」

我簡直樂翻天。頓時看到各種可能。有了這麼多顏色，我覺得擁有前所未見的選擇。有了這麼多選擇，我可以畫出截然不同的畫作。

男人的獨特性就像蠟筆，女人也一樣。在許多感情關係中，伴侶把時間花在比較彼此的蠟筆，較量誰的蠟筆最好。他們捍衛自己的觀點，想判定哪個顏色最好。

這時就像兩人各自擁有很多蠟筆，卻不分享。如果學會分享，他們就有無限多的顏色。他們同心協力，有可能創造出曠世傑作。

人們很容易認定男人沒有太大成長空間。他現在是什麼樣子，以後也差不多。如果他始終獨身，這個說法有幾分真實性。

但是他與他關愛的女人經營日新月異的感情時，就能成為無可預測的另一個人。往後章節詳細說明他的成長，以及造就這個結果的溫床要有什麼特別條件。

如果男人的感情關係持續成長，他通常也會有所長進。因為她的影響和夥伴情誼，曠世鉅作才有可能問世。

第十二章

感情關係中的獨行俠

大部分時間，這種態度對男人很有幫助。但是與關愛的女人交往，他就不能用同樣方法對待這種關係。他渴望這段感情順利發展，卻又覺得身處汪洋，小舟上還沒有船槳。

「真正的男人子不吃鹹派。」

這句口號因為某本同名書籍在一九八二年傳遍大街小巷[24]。幾個月後又衍生出其他句子。

「真正的男人不哭泣。」

「真正的男人不會只為了聊天打給其他男人。」

「真正的男人不在牛排館點魚。」

「真正的男人不會讓女人烤肉。」

「真正的男人不撣灰塵。」

「真正的男人不編織。」

這是對所謂「女性運動」蔓延的反應，當時婦女開始要求在薪資、機會、政治影響力和社會地位方面與男性平起平坐。在這之前，一般咸認男性是領導者，女性是追隨者。現在，女性開始追求公平待遇。

多數男人因為這些傳統角色得到自信，不知道如何應對這種社會新模式。他們想起小時候「男孩專用」的樹屋——只是現在女生都想進來裝飾，男人擔心這種趨勢的發展。如果女人想變得更像男人，社會可能期待男人變得更像女人。

這已經超出男人的思考範圍，他們不知道如何回應。因為思路單純、一次只關注一件事情，男人不知道如何反駁這種新觀點，又不會讓人覺得他們是混帳。所以他們只好做出唯

---

24 作者註：《真正的男人不吃鹹派》（Real Men Don't Eat Quiche），作者為Bruce Feirstein，一九八二年由紐約市的Pocket Books出版社發行。

一會做的事情：想出可以重複的詼諧短語（如同前面的例子），要求其他男人不要放棄他們的男子氣概。

男人突然覺得受到威脅。他們愛身邊的女人，但也愛自己當個保護者和經濟支柱。他們覺得不該把女性當成二等公民，卻又覺得要實現這個目標，社會和媒體對他們施壓，要他們少像男人一點。

與其說女性要與男性平起平坐，男人覺得平等意味他們必須蹲低，降到女人的水平。對男人而言，女人似乎想變得更像男人，而男人則應該更像女人。

這種想法沒有道理，卻是男人的觀點。這就像關係社會主義，富人必須與窮人分享財富，好讓大家都平等。

正如第一章所述，真正的問題出在說法。「平等」與「相同」不一樣，這兩個詞被搞混了。「相同」指兩件事情完全一樣。一般而言，男人和女人的多數事情都相似。我們都有骨骼、循環系統、心臟和大腦。然而我們的生殖系統有明顯差異，大腦也不盡相同——例如結構設計、運作方式，以及分泌的荷爾蒙。

我們重新探討這些差異，因為它們是瞭解男性的起點。在本章中，我們將討論男人的關係與女人的關係如此不同的原因。這些原因影響他所有人際關係——與他自己、與其他男人、與他的女人。

✳癥結所在

男人並不反對女性，只是難以理解女性的思考方式，而且不知所措。多數男人沒上過「女性入門」的課程，這輩子只和男人進行真心對話。（好吧，也許還有他們的媽媽。）他們不是天生就理解女人或懂得與她們溝通，是反覆試驗才學會（主要是從錯誤中學習）。問題就出在以下幾個方面：

- 他天生希望看起來、感覺自己能幹，所以不尋求協助（好比開車不問路）。
- 他不請女性幫他理解她們，因為這會顯得無能。所以他不懂裝懂，卻納悶這招怎麼不奏效。
- 他不請男人幫他理解女人，因為他也不想在他們面前顯得無能。因為其他男人也不理解女人，只會討論理解女人有多困難。

妳的男人進退維谷。他不瞭解女人，又不能問人。所以他最後試著自己搞清楚。不僅止於女人。男人也不花時間揣摩同性的想法。他們喜歡一起出去玩，因為他們做什麼都不必滿足誰的期待。他們的關係很簡單，也不會深入探索對方的情緒。他們一起看比賽或聊工作，只要覺得自在，他們就沒有問題。如果彼此關係變得緊繃，覺得對方有問題，他們不見得想修復關係。有時他們就默默繼續過日子，沒什麼大不了。

論及人際關係，男人獨立自主。他就像獨行俠[25]，不需要任何人告訴他維繫關係的方法。（好吧，獨行俠有朋友湯頭和靈馬，但那又是另外一回事。）大部分時間，這種態度對男人很有幫助。但是與關愛的女人交往，他就不能用同樣方法對待這種關係。他渴望這段感情順利發展，卻又覺得身處汪洋，小舟上還沒有船槳。

妳身為女人，可以做什麼？稍後將討論哪些方法可以幫助男人，以他明白的方式瞭解妳。至於現在，先探索他對感情的想法，以及他為何覺得如此艱難，這才有幫助。

他生來就想追求自給自足，必須覺得自己有能力。這是天性，加上從小接觸的文化、大眾媒體和其他男人都說真正的男人得靠自己想辦法，更強化這種習性。他的動機很偉大，可惜工具不足。

從男孩到男人

男人還有另一個特徵也是與生俱來：有所作為，人生有目標，做件有意義的事情。這點很重要，所以男人失業才會這麼痛苦，因為他有許多身分認同都來自他在職場的貢獻。這點消失時，他的自信往往受到影響。他無法在工作上有貢獻，就會懷疑自己，這種心情會蔓延到生活的每個層面。

女人可能會告訴男朋友，「我不在乎你是否賺很多錢。我愛你，純粹因為你是你。」非常好，他也愛聽。然而即使她無所謂，他卻在乎。對他而言，他因為貢獻價值而獲得薪資。他賺得越多，越覺得自己增添的價值越大。因此金錢就象徵他有所作為。

他可能是百萬富翁，卻仍想賺更多。錢不是重點，而是錢的象徵意義。他賺更多，意味他的貢獻更大。他正在實現人生目的，滿足男人最大的需求：有所作為。

華理克的《標竿人生》登上暢銷書排行榜跌破大家的眼鏡[26]。這本書一出版，就迅速打響知名度。我最後看到的數字指出，《標竿人生》銷售量超過了三千萬冊，是史上翻譯成最多語言的書（僅次於《聖經》）。書市往往由女性讀者主導，這本書也深受男性欣賞，我猜

---

25 Lone Ranger，美國西部時代的虛構人物，是戴面具的前德州騎警，與原住民夥伴湯頭一起維持正義。這個故事改編為廣播劇、影集和電影。

26 作者註："The Purpose Driven Life"，作者為華理克（Rick Warren），二〇〇二年由大急流城的Zondervan出版社發行。

書名博得他們的注意。男人內心深處希望人生有意義，那是他們的驅動力。難怪那麼多男人拿起這本書！

對男人而言，自尊與人生目的緊密相連。所以「目的」從他們童年時期就寫進人生劇本。

✷堅持獨立自主

把男孩丟到遊樂場，他會設法透過競爭和比較，在人群中脫穎而出。他鍛鍊生活技能時就急於試驗，看看自己能不能獨立。

無論就生理或心理而言，女孩可能比男孩更早成熟。然而男孩通常更急於拋開束縛的枷鎖，振翅試飛。他們和父母爭取放寬限制，不滿校規，挑戰法律極限。

他們想獨立自主，想成為大人。為什麼？這種內在動力就是要做重要的事情，即使動機不明顯。只要他們還是「孩子」就受限，無法有所貢獻。

男孩高中畢業之後覺得自由，卻還沒長大。一群人開車「上路旅遊」很常見，他們跳上車，漫無目的地兜風，這件事象徵他們剛獲得的自由。大約一週後，他們沒油、沒錢或兩者皆無，不得不打電話向父母求助。

他們想成為負責任的大人，但仍想保有青春期的自由。他們一直過得很開心，可能住家裡，認為成人的責任無聊又有限制。他們想長大，但與素來的生活方式相較之下，成年生活和全職工作似乎頗為乏味。因為這種看法，他們當然不急著長大。

我的女婿布萊恩從大學畢業時，在典禮結束之後和我們一起站在停車場，他突然得面對現實。「我不想長大。」他說。他是開玩笑，但這句話也有一定的準確度。

很多這種處境的人依然住在家裡，雖然有工作，卻算不上事業。他們的青春期延長，責任往後延宕。他們拖得越久，日子越難過。他們的自尊心受到影響，因為他們並未做出改變。他們學會在電玩中獲勝，卻沒學會在人生中致勝。

✳亦師亦友

男人會受到其他男人的影響。因為他們不求援，便觀察別人，學習生活的方式。如果他們不肯長大，可能看到其他男人也做同樣的事情。如果他們選擇長大、負起責任，可能是模仿他們所敬重的男人的生活模式。

有人說，我們最像一起消磨時間的五個人，對男人來說尤其正確。他們和別人相處，透過觀察別人的生活，精心打造他們的成年。

女人必須瞭解男人同性交際關係的價值。這些友誼與她的截然不同，卻能滿足他的基本需求，她可辦不到。他也許愛慕她，但她不能滿足他所有需求。

男人在一起時都做些什麼？這些友情又是什麼模樣？

✵男人往往對朋友忠誠。

女人可能納悶，他為何還和一臉混帳樣的高中同學保持聯繫。這通常因為他很忠誠。也許他們沒有太多共同點，但他們曾經一起度過人生某個階段，所以有所連結。

我會與幾十年沒見過的高中朋友偶爾在臉書上往來。我知道他們與當年已經完全不同，我也不一樣。就許多人而言，我們因為選擇不同道路而漸行漸遠，並未並肩同行。但我們曾經分享某個人生階段，而且那段時光很美好。

✵男人彼此說話直來直往。

多數男人都會說出想法，不怕彼此意見分歧。他不太擔心對方可能有的感受或反應，因為他知道談完之後，就會把這番談話拋諸腦後。如果覺得介意，就找藉口不再聯繫。

當然，有些男人是內向型。許多男人不習慣起衝突，就不說出自己的想法。那可不表示他們沒意見，只代表他們很挑剔爭論的對象。如果他們重視那段關係，他們會想辦法表達他們的意見。

否則避免衝突表示他覺得這段關係不值得花力氣挑戰。他不隨便起衝突，只投入他覺得有意義的戰鬥。

✳男人不會花太多時間談論重要的另一半。

男人談論身邊的女人時，只是草草帶過，不會鉅細靡遺描述他們在家裡的談話。好男人不想醜化他的女人，免得朋友看扁她，所以他會保護她的名聲。他可能說他對某件事感到沮喪，但不會細說。他不是尋求答案或建議，只是想得到支持。朋友說，「我懂，有時很難回應。」他就知道他不孤單。

女人可能和值得信賴的女性閨蜜談論她與情人的高難度對話，有助於她釐清心情。男人碰到同樣的狀況會談論三十秒，然後開始聊機油。

✳男人通常不和其他男人談論他們的感受。

男人甚至不會花太多時間考慮自己的感受，更不用說別人的感受。女人會說，「你對這件事有什麼感覺？」男人說：「妳有什麼想法？」

日前，我和牧師朋友共進午餐，他的教區人數眾多。他說他和執事會碰到頗具挑戰性的狀況。我說：「你感覺如何？」他茫然地看著我，說：「感覺？我不知道。你當我是誰……女人嗎？」

這不代表男人沒有感覺。他們可能只是不知道自己的感覺是什麼，所以訴諸輔助的替代感覺。如果他們害怕、悲傷或擔憂，就透過適合男性的後備感覺表達，好比憤怒。無論是哪種情況，他們都不想搞清楚，肯定也不會與其他男人討論。

✳男人把其他男人看成不期不待的安全場所。

生活不如意時，男人會接近同性，他們就能一起面對。如果不想說，他們不必解釋自己的想法或感受，也沒人會批評他們。人生遇到挫折時，與朋友一起看球賽，瞎扯無關緊要的事情，對男人就很有療效。他不是逃避，只是充電，才能再度回到人生的戰場。

我讀過，有伴的女性多半面對彼此（無論是比喻或字面上都是）。有伴的男人則是肩並肩，面對同一個方向。從我自己的經驗看來，這一點非常精準。我的朋友不會試圖幫我解決問題，但願意陪我走一段，而且我不必多作解釋。

對男人而言，解釋和釐清事件很費力，他會把精力留給最重要的人——也就是他的另一半。

✳男人一起面對挑戰。

儘管男人各自獨立，一旦面對挑戰，朋友之間的義氣可以讓他們協力合作。所以業務團隊為重要的目標奮鬥會建立革命情誼，球隊在運動場上也能合作無間。也是因為這個原因，士兵上戰場時，彼此會建立堅定承諾。

男人致力實現重要目標時，就會不惜代價，幫助對方成功。

在商場上，人們發現「策劃小組[27]」的重要性。這一小撮人致力在特定領域有所進步、獲致成功，他們知道同心協力比孤軍奮戰更能達到更大的成就。他們定期聚會，討論新想法、得到動力，互相監督。他們彼此挑戰、鼓勵，追求遠大夢想，達到他們無可預測的成功境界。

27 Mastermind group，人數共五人，類似圓桌會議，每個人都是戰士，沒有領導或導師。這是美國作家Napoleon Hill在一九二五年的" The Law of Success" 提出。

一小群人聚會，互相支援朋友與女性伴侶的感情關係，有其重要價值。他們知道有效經營男女感情不容易，但他們致力追求成功。男人需要其他同性的意見，培養他們與女性交往的技能。其實健康男人的身邊可能有三種類型的男子：

- 較年長、較睿智——走在人生旅途前方的導師
- 可以指導的人，對方較年輕、經驗較淺，走在人生旅途後方
- 可以在人生旅途上並肩同行的夥伴

如果妳的男人沒有這些朋友，可能錯過寶貴的資源。妳可以用以下幾句話，隨口鼓勵他：

「你有沒有想過和（他敬重的睿智長輩）一起喝咖啡？」

「你似乎與（某個經驗較淺的年輕人）很投緣，何況他正在走你走過的路。你有沒有想過花點時間陪他，就當他的參謀？」

「誰是最能激勵你進步的哥兒們？」

✵成長的動力

這些年來，我常與三十出頭的男人談話，這些人正在掙扎要不要「長大」。他們受到媒體和朋友誘惑，盡可能延長他們的青春期。

這個年齡的男人有越來越強的動力想成為負責的成人，越來越不滿意舊有的生活模式。他們延後長大的時間越久，越損及自尊心，因為他們並未順應本能，有所作為。

男人與生俱來就追求獨立自主和才幹。這並不表示他想與另一半分開生活，而是他覺得自己人生圓滿，才能以健康的方式與她融洽相處。他覺得自己有能力，才能成為另一半需要的男人。

日前我和一位三十二歲的男人聊天，當時他很享受永遠不結束的青春期——最後卻定下來，認真經營事業，娶了他夢寐以求的女子，他的人生徹底改觀。我問他為何改變，他講得很精闢：「我終於決定該長大了。」

第十三章

兩人同心，其利斷金

情侶、夫妻為兩人的分歧爭吵時，就失去合力創造偉大作品的可能性。唯有他們重視、歌頌這些差異，結果才有無限可能。

我聽過某個男人說：「沒錯，當家的人是我，家裡是老婆布置，但我才是當家的人。」這句話說得幽默，正好證明兩個截然不同的人如何合作，取得更好的成果。一般而言，男人在某些方面比較擅長，女人在其他方面較為出色。他們攜手合作，各自發揮專長，結果強過各自獨立作業。

就價值、獨特性和貢獻而言，男女需要被一視同仁，然而這不表示兩性在各方面都相同。否則感情關係中就不會有衝突，但也不會有進步的潛力。

社會和媒體傳達的男女形象並不公正。男女交往出現溝通問題時，大眾多半怪罪男性。他需要更敏感、更認真傾聽、加強溝通能力，表達他的感受。

男人反覆接收到：「你不擅長愛你的女人，你需要改變。」

我著手寫這本書時，與一些男人談過，也一直聽到這個話題帶給他們的挫折感。有個男人說：「我知道女人比我們更敏感，更善於溝通。但誰說女人的觀點才正確？」

另一個則指出男人比多數女人做得更好的事情，例如體力更好、更著重於找出解決方案。他說：「為什麼沒有人告訴女性，她們需要更努力、更強壯、少說話、更快找到解決方案？」

這個觀點挺有趣。認為男人和女人需要改變，就像告訴一狗一貓，要變得更像對方才能融洽相處。沒有人懷疑這種做法有多瘋狂，畢竟狗當然發揮狗的本性，貓自然有貓的習性。沒有人期望貓咪會叼起栓繩，興奮地催促飼主去散步。

關鍵在於瞭解、接受、尊重兩性的差異，就眼前的事實加以發揮。

伴侶之間的差異遭到批評的感情關係需要修復。

伴侶之間的差異得到容忍的感情關係需要維護。

伴侶之間的差異得到歌頌的關係則會成長茁壯。

✳烹飪課

男人和女人都有不同於對方的一般特徵，每個人也將自己特定又獨一無二的特質帶入感情關係。把兩個人放在一起，他們的特徵組合多過他們個別的數量。融合兩人的特質，就能創造出無限多的結果。

這就像在廚房烹飪，如果櫥櫃裡只有幾種食材，還是能下廚，只是選擇有限。如果把手邊食材種類加倍，就可能端上各式各樣的菜肴。每次做飯不會用到每種食材，但有了它們，就能擴展菜色變化。

說女人的特質強過男人，好比說糖比鹽好。糖給某種菜帶來甜味，多數人也喜歡。但如果不加鹽，甜味就變得平淡無奇。對多數佳餚而言，鹽不可或缺，可以帶出其他味道的層次。

當然，我們可能失手，太多鹽會毀掉整道菜。新手沒有經驗，不知道該加多少，所以得按照前輩驗證過的食譜，才知道每種食材的確切用量，達到最佳效果。日積月累下來，廚子的經驗越來越豐富，覺得可以自由變化。反覆試驗往往不會得到最好的結果，但他們不斷嘗試，直到食譜臻於完美。

廚師仍舊得從正確的食材下手。他們必須有糖，必須有鹽，必須知道哪份食譜要用多少數量。

這就像是感情關係。男女之間的差異在謹慎使用、妥善搭配之下，可以產生最佳成果。剛開始交往時，男人和女人受到這些差異所吸引。如果伴侶只希望對方改變，將無法創造任何新成果。雙方都堅持使用舊食譜。如果兩人合作探索、欣賞彼此的差異，各式各樣的可能就會在他們眼前展開。

媒體輿論和社會文化譴責男人無法妥當愛他們的女人，關於這點，我們必須謹慎判斷。否則我們就剝奪了感情關係茁壯成長的基本成分，也就是兩人的差異。

✷尋求精誠合作

孫子在今年母親節為我妻子布置了一盆多肉植物。這是完美的禮物，因為他們各自挑了一種，並告訴她原因。

十一歲的艾薇莉挑了有特殊圖案的綠色多肉，她覺得很特別，因為它長得很快，還會開白色小花。她知道奶奶喜歡花。

八歲的伊蓮娜選擇頂端是鮮豔橙色、紅色，底部是深綠色的多肉。她覺得富有熱帶風情，她知道奶奶喜歡海灘。

五歲的馬可挑了毛茸茸的綠色多肉，因為他覺得那植物像狼蛛。

這是完美禮物，因為貼切表達他們的個性。女孩喜歡特別樣式和繽紛色彩，心裡惦記奶奶會喜歡什麼種類。男生則挑了一株像蟲子的植物。

哪一株最好？想當然耳，最讓她開心的是那一整盆。這份禮物不失獨特的個性，這個組合不斷提醒我們，這些小人兒聚在一起，豐富了我們的人生。

這就是所謂的精誠合作。精誠合作是結合不同元素，形成截然不同的全新樣貌，又不失各自的獨特性。

我想到精誠合作，就聯想到兩個比喻：水果沙拉和管弦樂團。水果沙拉結合了草莓、桃子、香蕉或其他水果，混在一起的組合有種全新的味道，但仍舊能同時品嘗到各種水果。管弦樂團結合不同樂器所產生的樂音響徹音樂廳，但你依然可以聽到各種樂器的聲音。

孩子還小的時候，我們帶他們去好萊塢露天劇場聽約翰・威廉斯[28]的音樂會。那都是他們可能認得的音樂，包括電影和動畫片。也許他們年紀太小，不多久就失去興趣。

有個朋友遞來望遠鏡，孩子可以清楚看到樂團成員。他們想出一個遊戲，一聽到某個樂器的聲響，就找出那種樂器。因此巴松管、雙簧管或法國號的獨特聲音響起時，他們就掃視樂隊，找出演奏的樂手。到了音樂會尾聲，他們已經知道誰演奏什麼樂器。管弦樂團演奏出美妙音樂，但仍聽得出個別樂器的聲音。

這就是精誠合作。集結伴侶差異所產生的成果，大過各人獨力，又能保存各自的獨特性。情侶、夫妻為兩人的分歧爭吵時，就失去合力創造偉大作品的可能性。唯有他們重視、歌頌這些差異，結果才有無限可能。

如果他是問題所在呢？

黛安和我剛結婚時，我負責支付開銷、處理預算。我們的收入不多，總是捉襟見肘。她會問，「我們有錢買條新地毯放在沙發前嗎？」

妙就妙在這裡。我深切希望她開心，也希望她認為我是好丈夫、成功的一家之主。如果我說，「不行，我們沒錢。」她可能會失望，也會影響她對我的效能的評價。所以我說，

28 John Williams（一九三二—），美國電影配樂家，編寫許多知名電影配樂，如《星際大戰》系列、《大白鯊》《超人》《侏儸紀公園》等。

「當然夠，買吧。」無論我們是否有錢。

我不知道這種做法帶來的傷害。由於我在婚姻關係方面的工具和經驗有限，我不會和她談論我們的財務狀況。我的心思自動進入解決問題模式：我不能不讓她買地毯，我只要想辦法多賺錢。這個問題必須由我解決，而不是和她討論。否則就像求助——男人可不喜歡。

同時，黛安也難以詢問家裡的財務狀況，因為只要她問起，我就防衛心大作。她覺得我拒她於千里之外，不肯透露我們的經濟狀況。我內心深處自覺不是好丈夫，自尊心岌岌可危，因為我無法解決問題。我覺得錢不夠花都怪我不好，更不能讓她知道實情。

她想相信我，但她很聰明，覺得事有蹊蹺。我們都不知道該怎麼做。我覺得她嘮叨，她認為我不負責任。我們不是一起面對問題，而是把對方當成問題。夫妻因此失和，因為我們活在假設中。

我用不成熟的方式對她有所隱瞞，因為我非常關心她的幸福，而且深愛她。我希望她順心快樂，卻不知道該怎麼做。所以我迴避這個話題，以為只要絕口不提，至少沒有人會不高興。

妳也許可以說這是自尊心作祟，其實不僅止於此。這是動機堂而皇之的典型男性反應。我們兩人都不談論這個問題，也沒有一起尋找解決方案。我們只是裝模作樣，想知道誰對誰錯。

✺雙贏的解決方案

我們遇到危機點，才開始處理溝通模式。財務問題已經成為避而不談的棘手問題，因為兩人的差異，我們對彼此感到沮喪。

結果顯而易見到無法坐視不管時，我們被迫進行不太愉快的對話。過程很不自在，因為我們不想指控對方（或承認我們有錯）。然而一旦開始討論如何共同解決這個問題，我們就成了團隊。

我們深切體認到我慣用右腦，有創造力，她慣用左腦，有組織力。有創造力的人負責財務工作，肯定出問題。沒錯，我喜歡解決問題，會立即抓住任何可能有效的新穎解決方案。她做事井然有序、有條不紊，希望找到徹底解決問題的方法。她的方法往往不太靈活，我的方法又不切實際。

我們發現最好由她處理預算機制。她會規劃預算、按時支付帳單，我們也會知道自己有多少錢。同時，我們同意經常談論財務狀況，確保我們有共識。我依然覺得自己能幹，因為解決方案奏效，而且我也有份。

我也因此覺得自己是好丈夫，因為我們攜手合作，而且兩人都很滿意。財務吃緊時，我不必覺得自己很失敗，她也不必應付我的幼稚心態。我們一起面對，一起討論。

那都是陳年往事，我們現在過得很好。我們不知不覺會重拾舊模式，所以得提醒對方，我們是對抗問題，不是對抗彼此。

我們是團隊，時時都要記得。只要兩人同心，其利斷金。

✷嘉獎的力量

我聽過女人說：「為什麼每次他做一點小事，我都要拿出綵球歡呼？他就不能接受事實，瞭解我欣賞他的努力嗎？」

簡而言之，不能。男人想有所作為，想發揮功效，想獲勝，他最希望這一切都發生在妳身邊。無論他是否說出口，他想成為妳的英雄。他不是踏上實現自我的旅程，他現在只是比較高，內心還是那個在遊樂園說「快看我！」的小男孩。

有時我在車庫裡忙，遇到我無法解決的狀況。我被難倒，需要花幾個小時思索這個問題。最後，我靈機一動，想出解決方案，感覺很痛快。我打敗問題，找到有創意的解法。我征服難題，我贏了。

猜猜我下一步做什麼？我走進屋裡，告訴黛安我做了什麼。通常，我帶她到屋外，指給她看，雖然她不知道到底要看什麼。為什麼？我想要她拿綵球喝采。她讚美我解決問題的能力，最令我開心。不要問我為什麼，我也不知道，大腦就是要我這麼做。我發現這對她而言不是自然反應，她讚美我，只是因為她知道對我而言意義重大。我因此更開心，她刻意鼓勵我，但那不是她的本能反應。

女人希望她們的男人說「我愛妳」。男人想表達愛意，但往往不擅言詞。說起來很簡單，其實不然。多數男人用行動表達情意，而不用語言。然而男人知道女人多看重這些話，就會想辦法說——即使他覺得不自在。

同樣地，女人拿出綵球慶賀男人的成就並不自然。但是，讚美對男人的意義，相當於他的溫柔話語對女人的重要性。認可和讚賞是男人維持動力的燃料，睿智的女人會為他添柴加薪。這不僅是感謝他（不過這點也很重要），而是用言語肯定他的能力，滿足他的需求：「了不起。你怎麼想得出來？」

同時，對他所做的小事表達感激之情，不要讓他覺得妳無知無覺。可以報以簡短、真誠的回應，例如：「你真好，謝謝。」或「跟你說一聲，我知道你昨晚把馬桶蓋放下來，因為我沒掉進去。謝謝。」如果他為妳開門，讓他覺得自己是贏家，就說：「哇，太棒了。沒有多少朋友的男人為她們開門。」

或用女性的方式回應他的男性做法。如果他恰巧把電視遙控器遞給妳，放下手邊的事情，直視他的眼睛說：「謝謝，我也愛你。」

妳可能心想，好吧，我理解。但是我呢？我爲他做這些事情，他卻沒爲我做任何事呢？

這個問題很合理，但超出本書範圍。我們一開始就開宗明義說過，這本書是寫給女性讀者，主旨是如何理解男性。女性瞭解這些差異之後，可以根據自己的發現，選擇如何回應。試圖改變他人通常徒勞無功，但我們永遠可以改變自己，改變自己的態度和行為。

這就像與人共舞。如果我們改變自己的舞步，對方就得決定如何因應。我們決定如何跳舞，他們決定如何回應。

學著欣賞你們的差異，而不是對抗它們。這是建立精誠合作和打造融洽感情關係的最佳起點。

第十四章

感情關係中的警訊

一看到蛀屑就要立刻處理。它是潛在問題的症狀，如果不及早處理，就會破壞感情關係。

如何處理感情中的蛀屑？好好溝通，接受對方和妳的獨特性。你們合作處理蛀屑，而不是各自坐視不管。

我馬上就認出來。

我走近後院木材平臺的臺階時，往下看。我看到第一個臺階前面的水泥上有細小棕色顆粒物。我試圖說服自己，那只是吹到臺階上的塵土，但照以往經驗看來，我知道那是什麼：蛀屑。

說白了，蛀屑就是「白蟻糞便」。我在這些年見過，知道它意味什麼。白蟻可以吃掉一整塊木頭，外面看來完好無缺，裡面可能被蛀得只剩細薄殘骸，所以才說白蟻破壞力之大。因為表面一切正常，看不出內部損壞狀況，其實看來完整無缺的木材已經是空殼。一腳踩穿木板，或是房子坍塌，我們才知道出問題。

早在走到這步之前，就有蛀屑，暗示房子出狀況。我看到蛀屑，開始思索。我立即考慮請驅蟲專家的費用，又想到更換受損木材的成本。接著，我想像房子罩上帳篷，我們不得不搬出去的麻煩。我不知道損害狀況有多嚴重，但我知道房子出問題。

我是男人，我需要解決方案。於是我拿起掃帚，掃掉蛀屑。問題解決了。

接下來的幾個月，蛀屑不斷出現，我不斷掃掉，卻對妻子絕口不提，否則我不得不承認（對她和我自己）家裡有狀況。只要沒有蛀屑，就沒有問題。

最後，我意識到蛀屑出現的頻率越來越高。我們終於討論這件事，決定如何處理。我拆掉木板，處理臺階，替換受損木材。因為我及早發現問題，所以修復起來並不難。我們最後請專業人士檢查房子，因為我們知道忽視預防白蟻有多危險。還有幾個地方需要處理，他也解決了。

結果呢？我們現在不擔心白蟻，因為問題解決了。

但是，我始終提防蛀屑出現。

✷感情關係中的蛀屑

買下新房子之後，你會做初步檢查。如果你看到蛀屑，會認真考慮房子的狀況。如果沒有蛀屑，你認定屋況良好便搬進去。你很期待住進新家，絕對不會想到蛀屑，開始裝潢房子。

感情關係也一樣。剛開始與男人交往時，妳「檢查」他。他很有趣，看起來挺不賴。妳可以想像自己與他定下來，妳找他的蛀屑，判定他是不是可靠投資。妳沒看到蛀屑就興奮地向前走，認為萬事美好。

過了一段時間，妳發現這些小顆粒。妳看到以前沒見過的眼神、聽到他聲音中某種態度，或察覺某種陌生的挫折感。那幾乎是下意識，卻讓妳不自在。妳不想處理，因為妳不想質疑這段美好的新關係。所以妳掃掉蛀屑。

妳很快又看到，它出現得更加頻繁，妳希望那不是大問題。但是過了一段時間，妳看出模式，無法坐視不管。

妳提起這件事，他覺得遭到攻擊，感到不安。日積月累下來，那件事成了「碰不得」的領域。你們的關係受到影響，溝通也不健康了。問題彷彿永遠不會改變，妳失去機會，無法擁有前幾章所討論的健康關係。

是不是為時晚矣？還有希望嗎？

簡而言之，只要雙方還有一口氣，就永遠不嫌晚。人們可以改變，而且經常在最意外的時候改變（理由還古怪不已）。永遠有希望。

但絕對不保證。

✳早期檢測

我們假設這段關係尚未轉為有害。兩人的感情出現嚴重問題時，這種書會引導妳瞭解問題，但無法幫妳解決這些問題。要解決問題可能需要專業協助，一旦兩人感情受損，沒有權宜之計。

如果抓傷手指，我會用繃帶和消毒藥水治療。如果是癌症腫瘤，我就需要經驗老到的醫療專家。

問題的嚴重程度影響治療方法。需要留意的症狀可能包括以下幾項：

- 妳的男人在談話中通常很消極。
- 他試圖操縱妳，說：「如果妳真的關心我，今晚就會留在家裡，而不是去上瑜伽課。」
- 他使用斬釘截鐵的說法：「妳從來不……」或「妳總是……」。
- 他用幽默轉移衝突。
- 每當事情變得令人不自在，他就轉移話題。
- 他極度不重視妳的意見：「噢，別想了。妳這是無理取鬧。」
- 他從來沒有意見，為了維持和平，每次都對妳言聽計從。

多數人偶爾以上述方式做出反應。如果妳的男人有時有這些症狀，不代表你們有大問題。需要注意的兩件事是次數和頻率。妳看到的症狀越多，出現的頻率越高，就越需要解決這個問題。

問題是，「我如何處理這些感情關係中的警訊？」

✳懼怕蛀屑

有些女人害怕向男人提出棘手問題，尤其是交往初期。她們害怕失去他，所以她們假裝一切正常。這是在不誠實的基礎上建立感情關係，導致兩人的關係無法更深入，因為妳關閉心扉。妳會漸漸討厭他，因為問題並沒解決。他有所察覺，更拉開距離。這對他不公平，因為妳什麼都沒說。

女人為這些懸而未決的問題感到沮喪，不知道如何因應，她可能會質疑他或發飆，說了很多話，要他振作起來。她只知道用這種方法得到他的回應。

如果我不想辦法盯著他，他永遠不會改變。

無論她是大聲說出來或放在心裡，最後一句話就是問題的核心所在。女人一旦碰上感情出問題，最常見的反應就是覺得她的人生永遠不會改善，除非另一半改變。可惜這種態度可能引來災難，因為當中包含兩個假設：

1. 妳可以改變另一個人。
2. 對方是問題所在。

我們在之前的章節談過這一點，現在重新逐一探討這兩個假設。

假設1——妳可以改變另一個人

我的書《不給人們鑰匙，他們就不會讓你抓狂》描述我們把幸福建立在另一個人的選擇之上只是徒勞無功[29]。只要我們認為另一個人的所作所為會影響我們的完整性，我們就是把自己當成受害者。我們不再為自己的人生負責，而是賴到另一個人身上。據說愛蓮娜・羅斯福說過，「沒有你的同意，沒有人可以讓你感到自卑[30]。」

健康的關係由兩個健康的人建構，不是由兩個只有五成健康的人合為一個完整的個體。我不能強迫另一個人改變，但我可以影響他們。如何影響？就是改變我真的可以控制的人：我自己。當我進步、改變，對方就會和不同的人一起生活，他們自然會對這個「新」人做出不同反應。

29 作者註：作者的另一本著作"People Can't Drive You Crazy If You Don't Give Them the Keys"。

30 作者註：出自愛蓮娜・羅斯福（Eleanor Roosevelt），刊載於Brainy Quote網站上之〈愛蓮娜・羅斯福名言錄〉，資料查閱於二〇一五年十一月十一日，http://www.brainyquote.com/quotes/quotes/e/eleanorroo161321.html。

男人可以改變某些事情，某些事情卻改不了。如果他有不良行為，他可以努力改善，做出更好的選擇。他需要做出這些改變。但如果他的反應是因為男性本能，試圖改變他只會令人氣餒。

假設2——對方是問題所在

「這不是顯而易見嗎？」妳可能會問。「以前我過得很好，現在多了他，搞砸我的人生。」我們退一步，客觀檢視這句話。局外人說，「聽起來有點傲慢。」因為這句話暗示女人的做事方法正確，男人才需要改變。它忽略一件事實，就是她可能也需要適應他的做事方式，也暗示唯一解決方法就是要他更像女人——根本不可能。

如果一段感情貶低其中某個人，兩人的關係就不會成功。感情要開花結果，兩人必須帶著自己的獨特性和差異進入這段關係，組成團隊。他們在團隊中一起變得更強大，比孤軍奮戰時更有實力。他們體驗到精誠合作。

✳如何改變男人

男人超越蛀屑階段，妳覺得他的內心已經蛀空，有什麼好方法接近他？有個方法可能比較有勝算，但也不保證奏效。這個方法總強過挑戰他、攻擊他，因為後者幾乎保證絕對失敗。

接受他的男性特徵、並且擁抱它，而不是試圖改變它。

這可能不是妳要找的解決方案，妳似乎放棄他改變的希望，只能永遠忍受他。

切記，這裡不是討論惡劣行為。如果妳收過廚房之後，他總是搞得亂七八糟，就是不尊重妳。這是惡劣行徑，他也可以改變（而且需要改變）。我們說的是他身為男人而具備的特質。

我們已經知道男人生來就得覺得自己有功效，而且可以有所作為。對於好男人而言，他最希望在你們的感情關係中看到這一點。

妳看到惱怒的事情時，很容易對他的動機做出假設。妳覺得他對妳不懷好意，他的使命就是讓妳的人生一敗塗地。這個假設很危險，因為他可能想好好愛妳，事情發展卻不如他意。他努力了，妳卻只注意妳沒得到的東西，而不是他的初心。他很沮喪，因為他不知道如何解決問題（他的天性就是想解決問題）。

好比說妳花了一個小時清潔、擦亮廚房的木質地板，下次走過時卻看到他的髒腳印。妳的第一反應是沮喪或憤怒：*我剛剛努力清理地板，他進來就弄得一團糟。難道他不關心我花這麼多時間整理嗎？*

是，他在乎，或者應該說如果他注意到，就會在乎。他沒注意到灰塵，也看不到乾淨。如果他沒看到妳清理地板，可能也沒注意到地板有何不同。考慮一下從他的角度看看。

也許同一時間，他正在外面打造妳要求的花壇，這麼做是為了討妳開心。他專心施工，很興奮要讓妳看。他又成為以前那個小男孩，說：「看看我做了什麼！」根本沒留心清潔的地板。

突然間，他惹上麻煩。他不是惡意或故意弄髒地板，只是身為男人，沒留心地板，因為他的注意力在其他地方。這不表示妳不能和他討論這個問題，但是妳必須先理解他的想法、知道他有多興奮，而不是先假設他的動機。

清理地板污垢比修復他的情緒更容易。這次別管地板，分享他做好花壇的興奮。告訴他，妳有多欣賞、他做得多好。回到屋裡之後，妳可以和善地說：「哎呀！我們把外面泥土踩進來了。可以在進屋之前擦擦腳嗎？多謝！」

如果妳不接受他的天生特質，很容易只注意那些習性如何影響妳。妳想著他的行為讓妳多反感，築起高牆保護自己，例如相信妳絕對沒料錯他的動機。妳關上心扉，因為妳不想受傷。

如果一段感情中的兩人不斷惹惱對方，根本原因往往是希望對方改變，而不是接受對方原本的面貌。

人們終於學會接受對方的天性時，彼此都能放鬆。你們覺得對方接受真正的自己，就覺得有安全感。你們可以在這段感情中保持真我，兩人才可能進步。

有意思的是，情人最惹火我們的特質，當初往往最吸引我們。妳愛上他鮮明的個性，現在卻覺得他過於強勢。妳喜歡他不張揚的自信，現在他卻不說話。

妳心想，怎麼回事？他爲什麼改變？他沒有。妳現在只是看到這個特點的另一面。

逃出囚營

奧地利心理學家維克多．弗蘭克離開納粹集中營之後，寫下《活出意義來》，他說：「我們不再能改變現況時，就得接受改變自己的考驗[31]。」他看到，如果人們在最糟糕的情況下只把注意力放在無法控制的環境，就會放棄希望而死去，能活下來的人則是專注於他們對環境的反應。

妳可能覺得自己遭到禁錮，狀況不可能改變。妳被困住，這一切都是他的錯。妳確信他

---

31 作者註："Man's Search for Meaning"一一二頁，作者是Viktor Frankl，二〇〇〇年由波士頓的燈塔出版社（Beacon Press）所發行。

永遠不會改變，幻想逃跑。解決方法是什麼？

這要追溯到雷茵霍・尼布爾[32]（Reinhold Niebuhr）的《寧靜禱文》（Serenity Prayer）：

主啊，求祢賜我寧靜的心，接受我不能改變的一切，
賜我勇氣，改變我所能改變，
賜我智慧，分辨兩者差異[33]。

只要我們試圖改變另一個人，我們的信念都是他們錯了，需要改變。這是他們的問題，他們就是問題所在。我們是對的，除非他們改變，否則什麼都不會變。且看這三行禱文的含義：

我不能改變的一切——他的男子氣概的特點，以及構成他的個性和氣質的獨特特徵。

我所能，〔改變〕——他從小累積，因而影響感情關係的習性。

分辨兩者差異的智慧——我們小心翼翼，不把兩者混為一談。

如果妳只關注不能改變的事情，妳將永遠是受害者。接受他們無可改變的特質，才是自

由的基礎。

✱重要事實

一看到蛀屑就要立刻處理。它是潛在問題的症狀，如果不及早處理，就會破壞感情關係。

如何處理感情中的蛀屑？好好溝通，接受對方和妳的獨特性。你們合作處理蛀屑，而不是坐視不管。

只要兩人覺得對方接受真實的自我，就能不受限制，夢想沒有蛀屑的人生。

---

32 Reinhold Niebuhr（一八九二—一九七一），美國神學家。

33 作者註：《生活中的寧靜禱文：接受、勇氣和智慧的真實故事》（Living the Serenity Prayer: True Stories of Acceptance, Courage, and Wisdom）第三頁，作者為James Stuart Bell與Jeanette Gardner Littleton，二〇〇七年由麻州Avon的Adam Media出版。

第十五章
如何追求幸福結局

理解才是起點。如果不瞭解男人的想法，再怎麼想改善關係，任何努力都做不久。如果妳有基本的理解，你們感情有無限成長潛力。

童話般的戀情可以有幸福結局嗎？

我大概七年級時讀到沒有快樂結局的故事。以前，我讀的故事結尾總是幸福圓滿。過程可能有危險、衝突，最後都迎刃而解。

老師指定我們讀傑克．倫敦[34]在一九〇八年寫的短篇故事〈生火〉[35]。我們在課堂上讀，故事講述育空地區有個男人困在零度以下的寒天雪地，就快被凍死。他試圖生火，卻因為雙手凍僵，握不住火柴。

他終於成功生火（我可以看到幸福結局近在眼前），頭上樹枝的雪卻落到火上，撲滅火焰。這個人想盡辦法，情況卻越來越糟。最後他躺下，睡著——永遠不再醒來。他的狗聞到「死亡的氣味」，回到營地。

我記得我坐在課桌前，試圖理解剛剛讀了什麼。好幾天之後，我才擺脫這種影響。我第一次發現，人生不一定有幸福結局。

我們還是孩子時，期待快樂結局。長大之後，我們仍舊抱持這種渴望，儘管我們已經知道無法預知幸福結局。我們知道沒有人可以保證，但我們仍然抱持希望，努力爭取。

---

34 Jack London（一八七六—一九一六），美國知名作家，作品包括《白牙》《野性的呼喚》等。
35 作者註：《生火與其他故事》（To Build a Fire and Other Stories），作者為傑克．倫敦，一九八六年由紐約市的Bantam Classics出版。

✷投資心力追求童話般的結局

多數感情關係剛開始時都想追求童話般的結局。情侶們認為，其他人眞可憐。沒有人的感情比得上我們。他們真心相信自己的戀情才特別（的確沒錯），所以最後一定會幸福快樂。

漸漸地，這些戀情遇上困難。畢竟男女主角是真人，會碰上真正的問題，因此產生摩擦。有些夫婦發生衝突就分手，因為他們已經放棄一起迎向終點。太難了，沒有希望。他們放棄努力經營關係，最後感情枯萎、消逝。

有些夫妻則在困頓時成長。他們把挑戰當成墊腳石，將來只會鍛鍊得更強大，而且共同面對問題。雖然必須付出莫大心力，但他們渴求童話般的結局。他們決定，值得為這個結局冒險，儘管沒有人可以掛保證。

他們意識到對感情投入的精神越多，得到回報的可能性越大。

這就像投資。我們觀察諸如華倫．巴菲特（Warren Buffett）等人，他是世上最受敬重的投資人。大家看到他是億萬富翁（幸福結局），所以學他買同樣的股票，卻納悶報酬率為何連一杯香草拿鐵都買不起。他們忽略他投資的時間有多長，一路走來又刻意做過多少微小的選擇。

人們想在股市大撈一筆。起初懷抱極大希望，但碰上市場波動就緊張，美夢變成惡夢。華倫．巴菲特反而利用低迷的市場，無論景氣好壞，都採用常識性策略，謹守經過驗證的基本投資和財富管理原則。

我們對感情關係也可以採取同樣做法。我們不知道前方有什麼，但可以運用投資原則，得到最高投報率。

想要童話般的結局，就要刻意努力。雖然無法保證成功，我們可以不斷努力，追求我們期望的目標。始終如一的模式導致可預知的結果，無論在投資或感情關係方面都適用。

✷心靈的投資

以下的財經投資原則適用於妳與另一半的感情關係。

投資妳瞭解的領域

就財經方面而言，太多人根據媒體上的「內線消息」做出投資決定，之後才納悶為何沒有立刻賺到大筆現金。真正專家建議，我們不該投資我們不甚瞭解的領域。

如果妳要把心交給某個男人，不應該隨便挑選。他值得妳用一生的時間探索，妳對他瞭解得越多，對這項投資就越自在。如果妳對那個男人研究透徹，就有最大機會與他建立成功的關係。

不要因為市場跳水就心驚膽跳

股票上漲時，股民興奮買入。股票下跌時，股民驚慌失措拋售。健康的投資正好相反，在市場低迷時持續買入，在股價上漲時賣出，得到最大化的投報率。

人生有起有落，男人也無法免於變化。人生陷入低潮，男人心情低落時，有些女人會離開，因為這段感情不如她們所預期。其實這往往是投入更多心血的最佳時機，開始準備「市場」上揚。妳需要投入心血和勇氣，但這是獲得最大回報的唯一途徑。

就婚姻關係而言，這表示妳要遵守婚禮當天的承諾，當時你們保證「禍福與共」。辛苦的日子不好過，卻是成長進步的苗圃。

利用複利效應

堅持長期小額投資有複利的優勢。起初，妳似乎只賺到幾分錢。但是再將那幾毛錢拿去投資，本金就會增長——妳還從增加的餘額中得到利息。只要投資得夠久，帳戶就會成倍增長。

妳不能偶爾對男人傾注大量的注意力，就期望得到高成效。也不能定期進行感情提款，否則就會逆轉複利效應。投資男人的最佳方法就是每天持續的微量存款，這筆存款會隨著時間增加。這種方法保護本金，讓本金持續增加。

感情關係沒有快速致富方案，需要耐心和毅力。妳的投資會增加，而且經年累月下來，紅利可能相當可觀。

與專業人士合作

賴瑞叔叔可能用他的方法大賺一筆，但不表示妳應該遵循他的投資方式。媒體上的投資「專家」提供財經建議，但他們不在乎這些建議是否奏效。關心妳和妳是否成功的老到理財規劃人員，是累積財富的寶貴資源。他們是策略夥伴，不僅是提供建議。他們訓練有素、經驗老到，可以看出小問題，免得日後變成大問題。

我不會自己裝冷氣，修引擎，或給自己開刀。針對這類重要大事，我會聘請受過高度訓練的專家。

在孤立的情況下，感情關係無法好好成長。我們太接近重要的問題和動態，當局者迷。所以我們與其他人一起生活、分享旅程。前方道路看來窒礙難行，我們就請專家幫忙。

我在亞利桑那州長大。青少年時期，我們拚命曬太陽，甚至用助曬油放大陽光效能。當時沒有人覺得不妥。

多年後，皮膚科醫生的凌志車算是我貢獻的。我每年找他一到兩次，他用冷凍治療處理我的癌前病變斑點，免得惡化。我甚至看不到或感覺不到那些曬斑，但他依據專業知識、培訓和經驗找到病灶，一看到就立刻處理。這種治療不見得舒服，但他幫我預防皮膚癌。

我非常相信感情問題要找治療師和專業諮詢師。如果男人需要得到協助，通常會覺得自己很失敗。但這種看法隱含的涵義，就是我們應該有能力解決自身所有問題。好主意，但不實際。

男人常在這個問題上掙扎，因為他們渴望「掌控」局勢。他們等到問題失控，才肯求助。男人認為，只要坐視不管，問題就會漸漸消失。其實問題就像感情癌症般擴散，如果不處理，到頭來會毀掉一段感情。

解決辦法是什麼？在感情融洽時就要和妳的男人討論找專家「調整」關係的重要性，而不是等到重大問題出現才說。如果他不覺得自己會受到為難和攻擊，他就不會覺得那麼可怕。既然你們每年進行一次「體檢」，妳也可以建議你們每年由專業人士檢查「感情關係」。安排會面，讓諮商師在微小的斑點變成癌症之前研究處理。趁機事先預防，免得小問題惡化。

✻創造高回報

我們在本書探索男人的思考方式，及其與女人的思考邏輯有何出入。透過男人的眼睛去理解，是建立美妙關係的基礎。一旦有了這個基礎，妳就可以開始投資在這個男人身上，致力追求關係的成長。

如果妳嘗試書中的建議，就是執行投資策略。這些貫徹一致的小事情很有可能造就幸福關係。沒有快速、簡易方案，只有經年累月的一般關懷。

如果要我親自挑選書中哪些投資男人的策略最重要，以下是我發現終身高投報的最簡單策略。

持續透過他的眼睛觀察他的想法

瞭解別人的觀點並不是我們的天性，妳必須特意選擇往後都這麼做。妳越是接受男伴的真正差異並且加以適應，越能自在成為他真正的夥伴。他也因此得到自由，可以盡情發揮天性。

一起浪費時間

多數男人不喜歡花時間討論感情、分析情緒。他們只想享受女人的陪伴，通常都是兩人一起瞎鬧時。滿足妳的男人對陪伴和一起活動的需求，不要逼他專注解決感情問題，他更願意在適當時機討論。

他很單純，最想享受妳的陪伴。放任他，而且把這件事列為優先事項。

讓笑聲成為你們感情中的優先事項

人生變得複雜時，人們自然會蹭低，認真對待所有事情。人生很嚴肅。但是容許感情關係有「輕鬆」時刻，他更容易正經面對。電影用喜劇笑鬧化解緊張時刻，感情也需要這麼做。

幾年前，我們夫妻和朋友聊到如何處理我們關係中的棘手問題。朋友問我們如何處理某些狀況，我們描述互動方式，通常是嚴肅討論又不乏嬉笑怒罵。

有位女士說：「你們兩人就是比多數人快樂。」我想了很久。也許吧，但不是因為我們的日子永遠輕鬆愉快。我們特別留意享受彼此的陪伴，同甘共苦。這有助於我們以團隊身分同心協力，知道一起面對問題可以讓我們兩個都更強大。

起初另一半與妳交往，是因為兩人相處比他獨處更愉快。這段關係失去這層歡樂，就變得沉重、乏味。如果妳致力於維持趣味，無論人生如何變化，他都能享受妳的陪伴。

只要辦得到，就用大大小小的方式向他表示敬意

得到尊重是男人的莫大需求，也會影響他能多成功地面對人生。如果他知道妳尊重他的所有不完美，他就有力量成為妳渴望的男人。我們很容易把這種需求視為理所當然，因為妳可能沒有那麼強烈的渴望。千萬別忘記，他需要尊重，就像乾渴的人想喝水。

釐清妳的期望

要知道你們永遠透過不同角度對待同一件事。做出假設之前，確保妳釐清雙方視角。例如他去超商：「嘿，妳要買什麼嗎？」妳回答說：「好吧，幫我買顆蘋果。」妳腦中想到的是大顆、青脆、冰涼的紅蘋果。結果他卻買了一個又小又軟的黃蘋果，因為店裡只賣這種。他回應妳的要求，在他看來就是滿足妳的需求。但是妳有不同期許，因此感到失望。

男女的期望不同是兩性難以溝通的極大原因。花點時間釐清男人想什麼（並且釐清妳自己的期許），以後會省去許多麻煩。

照顧好自己

維持健康，持續進步。不要把妳對自己的看法建立於他身為男人的表現（或不表現）。他可能有進步、呼應妳的要求，也可能正在苦苦掙扎。不要和他一起沉淪。好好吃，睡得飽，投資在自己身上。妳要建立完整的感情關係，妳自己就要成為完整的人。

要有心

越是重要、價值越高，越值得關注。妳交往的男人是妳最大的潛在投資，也可能讓妳得到最大的投報率。研究他，與他一起成長，相信他。刻意努力幫助他發揮他的最大潛能。

✺偉大的潛力

投資一定要在風險和回報之間取得平衡。妳可以把錢存在銀行，有保障、又安全，但只能賺取幾分錢的利息。風險低，回報就低。想要高回報，就得投資高潛力商品，但沒有人保證回報率。

男人也一樣。妳投資感情在男人身上，希望得到最好的結果。妳可以打安全牌，維持關係原狀，希望感情發展穩穩當當。這種策略也許能維繫關係，但不會成長茁壯。

妳也可以把男人當成績優股。他充滿潛力，妳有可能看到投資以天文數字倍增。當然，凡事都有風險——妳永遠無法預測結果。也許他的「股價」目前很低。妳越研究他，越有意融入他的生活，越有可能打造出不凡的感情。

很多人滿足於平庸的關係，這是他們走捷徑的結果。如果妳接受挑戰，以妳的男人建立「投資組合」，你們的關係可能達到無可想像的高度。正如電影《玩具總動員》的巴斯光年所說，「飛向宇宙，浩瀚無垠[36]！」

以下是關於妳另一半的三件具體事情，請牢記在心：

1.他成為好男人的潛力無限。

2.他要達到那個境界，妳對他的影響超過世上任何人。

---

36 作者註：這是巴斯光年（Buzz Lightyear）的經典口號（To infinity..... and beyond），二〇一五年十二月十一日查閱於維基百科，https：//en.wikipedia.org/wiki/Buzz_Lightyear。

3. 如果他感受到妳的支持和尊重，他通常會為了妳和這段感情赴湯蹈火。換句話說，他也會費心維持這段感情，打造美妙關係。

這本書只是提供範本，說明如何接近妳的另一半。感情關係沒有成功祕訣，妳永遠無法預測男人對妳的選擇會有什麼反應。如果妳根據他的興趣、看重事項和需求做選擇，他以全新、積極方式回應的機率就更高。

真的，妳不是影響他，是影響妳自己。

很多書都說女人需要改變，成為她丈夫所期盼的樣貌。那不是本書的重點。關鍵不是變成另一個人，放棄自己的天性，就為了取悅他。關鍵是發揮妳的潛力，保持妳的完整性，培養真實自我。

同時還要理解男人的思考模式。當妳從他的角度看待人生，就能為你們兩人做出最好的選擇。

如果妳的起點是打造最健康的自己，他很難不對妳做出不同的反應，畢竟妳已經成為截然不同的人（就某種意義而言）。妳改變之後，他可能以全新方式看待妳，做出相應的反應。

✳勇往直前

妳拿起這本書，是因為妳難以理解妳的男人，對嗎？妳希望得到一些洞見、公式和建議，好讓你們的關係更牢固，只是妳不確定那是什麼樣的光景。

我的目標是讓妳一窺男人的大腦。我不能為妳做出選擇，也不能修復已經破裂的關係，沒有任何書可以做到這一點。我只能擔任導遊，指出妳可能不知道的特點，說明看似危險的陷阱。希望這本書能讓妳對妳的男人有新見解。

以後何去何從，取決妳自己。也許你們的關係需要誠實討論你們的差異，也許需要釐清你們的期望。也許需要幽默感，同情心，或謙遜之情。也許你們的關係需要專業指導。也許需要時間。

理解才是起點。如果不瞭解男人的想法，再怎麼想改善關係，任何努力都做不久。如果妳有基本的理解，你們感情有無限成長潛力。

他沒有附帶說明書。

也許現在該邀請他一起寫說明事項了。

謝辭

寫了五本書後，我學到一些東西。

- 越寫越輕鬆，因為你寫越多，就能學到如何寫得更好。
- 越寫越困難，因為你希望一本比一本好。所以要多學習，多思考。
- 你只能自己來，所以要花上好幾個小時坐著，思考和打字。只要與人交談，你就擱下寫作。
- 你絕對不是獨自完成。人生中總有貴人助你一臂之力。就我而言，每本書的貴人都是同一批人。

我被慣壞了，每本書都找到世上最好的編輯（個人淺見，但絕對正確）。維琪．克朗普頓（Vicki Crumpton）翻新手稿時，草稿從滿臉痘痘的少年成為負責任的成人。等她完成拋光，著作仍然保有作者的聲音——但已臻成熟，不再怪腔怪調。這是她的天賦，我對這個夥伴始終心存感激。

喬爾．尼德勒（Joel Kneedler）就是經紀人的楷模。他從構思初期開始指導這個專案，無論就他個人或專業而言，都花心力維繫我們兩人的關係和我的工作。我很榮幸前兩本書都能與他合作。可惜（對我而言），另一家大型出版商看出他的同理心和才幹，挖角他擔任更有影響力的職位。他當之無愧，我很自豪能見證他的職業軌跡。雖然是我的損失，但我以他為榮。

丹尼斯·切內科夫博士（Dr. Dennis Chernekoff）是婚姻和家庭諮商師，真切輔導許多夫妻，他們都因為書裡提到的問題而感到苦惱。他關心他認識的人，日常往來的人都能感受到他的同理心。他細心監督我的想法和文字，以免我過度偏激。我珍惜他的友誼，謝謝他在這本書投入的時間。

沒有我的妻子黛安，就沒有這本書。書中所有想法都由我們多年來的關係提煉而成。我寫作時，她幫我釐清很多想法，從女人的角度批評我的文字，始終扮演我的良師益友。到頭來，我們仍然喜歡對方，這趟旅程是因為她才值得。

家庭帶給我快樂。朋友帶給我能量。同事挑戰我的思維，幫助我成長。讀者給我繼續寫作的動力。上帝賜給我想法和恩典，提醒我什麼事情最重要。

我向來喜歡寫謝辭，因為這個部分提醒我，沒有人是獨自完成這趟旅程。為此，我記得要心存感激。

感謝。

Creative 188

他在想什麼？
男人寫給女人的溝通使用說明書

作　　者｜麥克・貝勒
譯　　者｜林師祺
出 版 者｜大田出版有限公司
台北市一〇四四五中山北路二段二十六巷二號二樓
E-mail｜titan@morningstar.com.tw http://www.titan3.com.tw
編輯部專線｜（02）2562-1383 傳真：（02）2581-8761

總 編 輯｜莊培園
副總編輯｜蔡鳳儀
行銷企劃｜陳惠菁
行政編輯｜鄭鈺澐
編輯助理｜郭家妤
校　　對｜林師祺／黃素芬
內頁美術｜陳柔含

初　　刷｜二〇二三年七月十二日　定價：三九〇元

網路書店｜http://www.morningstar.com.tw（晨星網路書店）
TEL：（04）23595819 FAX：（04）23595493
購書Email｜service@morningstar.com.tw
郵政劃撥｜15060393（知己圖書股份有限公司）
印　　刷｜上好印刷股份有限公司
國際書碼｜978-986-179-800-4　CIP：173.32/112002114

填回函雙重禮
①立即送購書優惠券
②抽獎小禮物

國家圖書館出版品預行編目資料

他在想什麼？男人寫給女人的溝通使用說明書／麥克・貝勒著；林師祺譯．—初版
—台北市：大田，2023.07
面；公分．—（Creative；188）

ISBN 978-986-179-800-4（平裝）

173.32　　112002114